書の読み方

貫 隆
Takashi Onuki

岩波新書
1233

聖書の読み方◆目　次

目　次

Ⅱ　聖書をどう読むか　私の提案

凡例

聖書の文書名と略号表

◆旧約聖書

創	「創世記」
出	「出エジプト記」
レビ	「レビ記」
民	「民数記」
申	「申命記」
ヨシ	「ヨシュア記」
士	「士師記」
ルツ	「ルツ記」
サム上	「サムエル記上」
サム下	「サムエル記下」
王上	「列王記上」
王下	「列王記下」
代上	「歴代誌上」
代下	「歴代誌下」
エズ	「エズラ記」
ネヘ	「ネヘミヤ記」
エス	「エステル記」
ヨブ	「ヨブ記」
詩	「詩編」
箴	「箴言」
コヘ	「コヘレトの言葉」
雅	「雅歌」
イザ	「イザヤ書」
エレ	「エレミヤ書」
哀	「哀歌」
エゼ	「エゼキエル書」
ダニ	「ダニエル書」
ホセ	「ホセア書」
ヨエ	「ヨエル書」
アモ	「アモス書」
オバ	「オバデヤ書」
ヨナ	「ヨナ書」
ミカ	「ミカ書」
ナホ	「ナホム書」
ハバ	「ハバクク書」
ゼファ	「ゼファニヤ書」
ハガ	「ハガイ書」
ゼカ	「ゼカリヤ書」
マラ	「マラキ書」

◆新約聖書

マタイ福音書
マタ　「マタイによる福音書」
マルコ福音書
マコ　「マルコによる福音書」
ルカ福音書
ルカ　「ルカによる福音書」
ヨハネ福音書
ヨハ　「ヨハネによる福音書」
使　「使徒言行録」
ロマ　「ローマの信徒への手紙」
一コリ　「コリントの信徒への手紙一」
二コリ　「コリントの信徒への手紙二」
ガラ　「ガラテヤの信徒への手紙」
エフェ　「エフェソの信徒への手紙」
フィリ　「フィリピの信徒への手紙」
コロ　「コロサイの信徒への手紙」
一テサ　「テサロニケの信徒への手紙一」
二テサ　「テサロニケの信徒への手紙二」
一テモ　「テモテへの手紙一」
二テモ　「テモテへの手紙二」
テト　「テトスへの手紙」
フィレ　「フィレモンへの手紙」
ヘブ　「ヘブライ人への手紙」
ヤコ　「ヤコブの手紙」
一ペト　「ペトロの手紙一」
二ペト　「ペトロの手紙二」
一ヨハ　「ヨハネの手紙一」
二ヨハ　「ヨハネの手紙二」
三ヨハ　「ヨハネの手紙三」
ユダ　「ユダの手紙」
黙　「ヨハネの黙示録」

章節区分について

個々の聖書箇所は、たとえば「創世記一章1節」という具合に、章と節で表記することが慣例になっている。これを略記する場合、本書では章に漢数字、節にアラビア数字を当てて、「創一1」のように表記する。

また、ある章から比較的まとまった分量を引用する場合には、節番号を上付きのアラビア数字で表記する。たとえば「[33]また、あなたがたも聞いている通り」とあれば、33節がそこから始まることを意味している。

福音書の箇所表記で、たとえば「ルカ一二22-28／マタイ六25-30」とあれば、二つの箇所が同じ内容で並行していることを表す（並行記事）。

引用文の翻訳について

本書が旧約および新約聖書から行う翻訳は、おもに日本聖書協会から刊行されている『新共同訳　聖書』（一九八七年）と、岩波書店から刊行されている『旧約聖書』（二〇〇四／五年）および『新約聖書』（二〇〇四年）を参照しながら、そのつどの判断で必要に応じて著者自身による変更を加えたものである。したがって、私訳と考えていただいて結構である。

はじめに――聖書への招待

よく「聖書は世界最大のベストセラー」と呼ばれる。おそらく統計上もそのとおりであろう。初めから私事にわたって恐縮だが、私がその聖書を初めて紐解いたのはいまから四五年前、大学生になって新たな知識欲に燃えていた時だった。前もってどこかで聞きかじっていた個々のエピソードや記事に出会うと、たしかにほっとして、その面白さを再発見したことも少なくなかった。

しかし、聖書全体となると、そのおそろしいまでの読みづらさに正直仰天した。大学在学中の夏休みを一回か二回費やして、全体を通読することに挑んでもみたが、読後感はまるでちんぷんかんぷん、まとまったイメージはまったく結べなかった。道筋がまったく見えない混沌の只中に置き去りにされて、ほとんど茫然自失であった。その後現在まで、当然ながら聖書以外にも大小の書物の読書体験はいろいろある。しかし、読後にあの時以上の方向喪失を覚えたことはない。

その体験が一つのきっかけになって、その後私は聖書を専門的に研究する道に進んだ。主たる研究対象は新約聖書とその周辺の文書で、歴史的に言えば、原始キリスト教史および紀元後四世紀までの初期キリスト教史である。しかし、その原始キリスト教は突如として虚空から出現したわけではない。その背後には、気が遠くなるようなユダヤ教の長い歴史がある。そのため、そのユダヤ教が「聖書」と呼ぶもの——つまり、やがてキリスト教がもらい受けてそう呼ぶことになった「旧約聖書」（以下、本書では便宜上の理由から、終始この呼び方で統一させていただく）——に対しても、必要な範囲で目配りをしてきたつもりである。やがて専門的な研究と並行して、キリスト教主義の大学はもちろん、それ以外のいろいろな教育機関でも教壇に立って、「聖書入門」あるいは「キリスト教概論」などの授業を行うようになり、通算三〇年になる。

聖書を専門的な研究の対象にまでしたということは、あれほど読みづらかった聖書に私はいつの間にか、それだけの面白さを感じるようになっていたということである。そうでなければ、大の大人が一回限りの生涯の大半をそれに費やすはずがない。しかし、ようやく最近になって、一つの反省がくりかえし私の胸を過るようになった。ひょっとして教室での私は、いま生まれて初めて聖書を読もうとしている者も少なくない学生たちに向かって、あまりにも性急に、あまりにも多く、専門的研究から見えてくる聖書の面白さばかりを語ってきたのではなかろうか。少なくとも、自分自身が同じ年頃で初めて聖書を通読した時の、あの茫然自失と方向喪失を忘れていたのではないか。教室の学生たちに限らず、いま初めて聖書を自分の手に取って読もうとしている人々が感じるに違いない聖書の「読みづらさ」を、もっと丁寧に解きほぐす努力が必要なのではないか。

では、なぜ聖書はそこまで読みづらいのか。いまの私に思い当たる理由は、大きく三つある。

聖書の読みづらさ 1

第一の理由は、聖書全体が単独でそれを通読して読解しようとする読者にはきわめて不親切な書物だということである。

旧約聖書は創世記から始まって列王記まで、ユダヤ教の祖先である古代イスラエル民族がたどった歴史をまず物語る。その後は詩編とヨブ記などを経て、大小さまざまな預言者の個人名がついた文書(預言書)が続き、全体で合計三九の文書から成っている。ユダヤ教が最終的にその三九文書に限定して自分たちの規準的な聖文書、すなわち「正典」としたのは、ようやく紀元後一世紀末のことであった。キリスト教はその後の紀元四世紀の半ばまでに、ほぼ同じ範囲の文書を「旧約聖書」として受け入れた。しかし、その配列順はユダヤ教の正典とは大きく異なったまま現在に至っている。ユダヤ教もキリスト教も正典の三九文書をそれぞれの考える配列順で公の礼拝の場で用いてきたのである。

新約聖書はマタイ、マルコ、ルカ、ヨハネの四つの福音書から始まって、使徒言行録を経て「～の手紙」と呼ばれる二一の文書を経て、最後はヨハネの黙示録で終わる。その文書数は合計二七である。この文書数をもって正典「新約聖書」とすることが最終的に確定されたのは、「旧約聖書」の受け入れと同じ時代であった。ただし、正典文書の配列順についてては、その時にも確定には至らなかった。ここでも文書の配列順はキリスト教会の礼拝の場での朗読と密接に関係していたのである。

そういうわけで、旧約聖書も新約聖書も、読者が書斎でただ一人、初めから終りまでを通読するとは、予想も期待もしていないのである。ところが、聖書は世界最大のベストセラー。わが国でも全国津々浦々、ある程度の規模の書店ならばどこでも手に入る。以上のような事情を知らない善意の読者は、当然ながら、印刷された目次に沿って読むべきものと信じて疑わない。労苦を惜しまず通読したとしても、その結果は目に見えている。かつての私自身のように、茫然自失と方向喪失である。

聖書の読みづらさ 2

読みづらさの第二の理由は、聖書では原則としていつも、神を主語として話が進むことである。

話には必ず語り手がいるはずである。その語り手は人間である。ところが、聖書の語り手は多くの場合、話の背後に隠れていて、表面には姿を現さない。その結果、読者はいつ、どこで、誰が、何のために語った（あるいは、書いた）のかがわからないまま、話の表面だけをたどっていく。神の行動に筋が通っている間はそれでも問題はない。しかし、それも長くは続かない。遅かれ早かれ、神の言動も自己矛盾を起こすことになって、善意の読者には「神は勝手だ」と感じられ、こんな神とは付き合っていられないということになりかねない。

この印象はとくに、旧約聖書を通読する時に強いはずである。それも無理はない。旧約聖書の三九文書は、たしかに正典として確定されたのは、前述のように紀元後一世紀のことであるが、それぞれの文書は紀元前の数百年にわたるイスラエル民族とユダヤ教の変転きわまりない歴史のさまざまな局面で書き下ろされたのである。もっと言えば、そこにはイスラエル民族がやっと先史時代の暗黒から脱出して歴史時代の光の下に現れ始めたころからの太古の伝説(アブラハム、イサク、ヤコブ伝説他)も書きとめられているのである。そのような悠久の歴史の中で、人間と神の間の関係、あるいは人間が神を経験する仕方が変化しないということはありえない。この変化を考慮せずには、旧約聖書は通読も読解もできない。

この事情は新約聖書についても、原則として違いはない。どの文書の語り手も自分を主語にして自分の経験について語ろうとはしない。あくまでも神、あるいは神の子イエス・キリストを主語として、両者の行動について語りたいのである。マルコ福音書八章には、ペトロが「神のことを思わず、人間のことを思っている」として、イエスに叱責される場面がある(31-33節)。イエスは自分たち一行がいよいよエルサレムに上っていくに当たり、ペトロがそこで善からぬことが起きるのでないかと怖がっているのを見抜いて、そう叱責している。「人間のことを思っている」とは、そういう意味である。

しかし、われわれが聖書を読むに当たって大事なのは、そのように怖がったペトロという「人間のことを思う」視点なのである。そんな読み方をしたら、イエスに叱られるのではないかなどと幼稚な心配をしてはならない。旧約聖書でも新約聖書でも、表面の話だけに引きずられることをやめて、話の背後に隠れている語り手が人間として経てきたさまざまな経験に肉薄すること、文字どおり「人間のことを思う」ことがぜひとも必要である。しかし、初読者にとって、この肉薄は専門的な研究の助けなしにはほとんど不可能に近い。

聖書の読みづらさ 3

読みづらさの第三の理由は、キリスト教会の伝統的で規範的な読み方が一般の読者にまで意識的あるいは無意識的に及ぼす拘束である。

すでに新約聖書が書き下ろされた時点から、旧約聖書をイエス・キリストの生涯とその出来事に対する「予言」として読む解釈が始まっている。それによれば、神はイエス・キリストの誕生、一つ一つの言動、そして最期の運命まで、すでに旧約聖書のさまざまな箇所で予告していた。そして、それらをすべてそのとおり実現させたのである。あるいは、旧約聖書の中で語られる出来事は「予型」であって、やがてイエス・キリストの生涯の出来事として到来する「本体」を先取りするものだったとする解釈もすでに行われている。

旧約聖書に対するこの読み方は新約聖書の中に無数に現れる。キリスト教会の伝統的で規範的な読み方も当然それに準じている。そのために、旧約聖書をそれ自体として読もうという意識が容易に後退してしまう。すでに述べたように、旧約聖書はもともとユダヤ教の正典であった。ユダヤ教から見ればキリスト教会のそのような読み方はあまりに身勝手な読み方である、ということが読者に意識されることは稀である。

キリスト教会の伝統的で規範的な読み方では、旧約聖書と新約聖書は一体のものとして読まれる。それどころか、一字一句が霊感によって書かれたと考える立場(逐語霊感説)では聖書全体が無謬の書とされる。すでにふれたような神の言動の自己矛盾(「神は勝手だ」)もさまざまな論理を駆使して、破れなく首尾一貫した神の行動計画の中に回収されてしまう。そこまでは行かない伝統的・規範的な読み方の場合にも、詳しくは該当する箇所で述べるように、一定の思考の枠組みが、言わば「基本文法」として存在していて、聖書全体が終始その「基本文法」から解釈される。そこでは旧約聖書と新約聖書のそれぞれの文書は、多かれ少なかれ相互に調和的に読まれる。

わが国において、このような伝統的・規範的な読み方がキリスト教徒はもちろんのこと、そうではない読者の上にも及ぼしている影響には、想像以上に大きなものがある。聖書を自分の責任で自主的に読むことに対して、ほとんど無意識のうちに、聖書は教会のもの、勝手な読み方はできない、まずは教会での読み方を知らねばならないのではないか、という自己規制が働いてしまうのである。

そのうえ、ひと口にキリスト教会と言っても実に多種多様な教派があって、部外者にはわけがわからない。なかには見るからに怪しげで、一度足を踏み入れたら、出てこられなくなりそうなものもある。さて、どうしてよいのかわからない、というのが大方の実情ではないか。そこからは密かな反撥が生じてきても不思議ではない。

自主独立で読む

本書は読者をあらためて伝統的・規範的な読み方へ導こうとするものでは決してない。むしろ、いま述べたような自己規制から解き放って、それぞれ自主的に聖書を読むように招待するものである。自主的な読み方が最初に目指すべき目標は、旧約聖書と新約聖書の書き手たちがそれぞれの経験から、神、人間、世界、歴史について語っていることをまず「理解」することである。

旧約聖書はヘブライ語、新約聖書はギリシア語で書かれている。私たちはどちらも複数ある日本語訳でたやすく読むことができる。しかし、すでに述べたような三つの読みづらさにまとわれているかぎり、日本語訳の聖書も依然として言わば「未知の外国語」で書かれているようなものである。

英語のことわざで「これはギリシア語だ。とても読めない。」(It is Greek. It can not be read.)と言えば、「まったく意味のわからない言葉で、ちんぷんかんぷんだ」という意味である。聖書でどれほどよいことが言われていても、それが意味のわからない「未知の外国語」で言われていたのでは、読者はちんぷんかんぷん、理解することができない。理解していないことに対しては、賛成も反対も、同意も拒絶もありえない。

私は本書を読んで下さる方々が、聖書の言わんとすることをまず理解した上で、一つでも多くの点でそれに共感されるようになることを願っている。しかし、その共感とは、聖書の一つ一つの文章や記事をそのまま真理として受け取ることではない。まして、特定の教派的な読み方に賛成することでもない。そうではなくて、読者が聖書を読んで自分自身と世界を新しく発見し直す出来事(P・リクール)のことである。

私自身の経験

私自身には、くりかえし思い出されるそのような出来事が二つある。そのどちらも、それまで何度読んでもさっぱり意味のわからなかった聖書の箇所が、日常生活のふとした瞬間に、予期せぬ仕方で、「わかった」と思えた出来事である。

一つはマタイ福音書五章33-37節である。マタイ福音書の言う「山上の垂訓」(五―七章)の一部である。そこでイエスは、次のように語っている。

33また、あなたがたも聞いている通り、昔の人は「偽りの誓いを立てるな。主に対して誓ったことは、必ず果たせ」と言われている。34しかし、この私はあなたがたに言う。一切誓うな。天にかけても誓うな。そこは神の玉座だからである。35地にかけても誓うな。そこは神の足台であるから。エルサレムにかけても誓うな。そこは大いなる王(神)の都だからである。36また、あなたの頭にかけても誓うな。あなたは一本の髪の毛すら白くも黒くもできないからである。37あなたがたは「はい」は「はい」、「いいえ」は「いいえ」とだけ言いなさい。これ以上のことは悪しき者(サタン)からくるのである。

その時の私は下宿の小さな部屋に閉じこもって、大学の卒業論文にかかりきりだった。

当時(一九六七年)は昨今とは対照的に、右肩上がりの経済の高度成長が始まった頃で、大学生の就職も売り手市場だった。しかし、卒業後は企業に就職しようと考えていた私は不安だった。就職活動ほど、学生が他者による自己評価と自分による自己評価の一致と不一致に敏感になる時期はないであろう。目の前には未知の実社会が扉を開けて待ち構えている。いままで毎日が自分の自由になる時間だと信じて疑わずに生活してきた学生にとって、突如、明日からの未来がもはや自分の手の内にはなく、何かつかみどころがないほど巨大な他者の意志によって左右されることが感じ取られる。そう感じれば感じるほど、少しでも自分の未来を確保して、それを設計したくなる。それは自分が自分に立てる「誓い」である。

ところが、イエスは「一切誓うな」と言う。なぜイエスはそう断言できたのか。その根拠はその時の私にはわからなかった。しかし、イエスが未来を自分とはまったく違う仕方で見ていることは鮮明に了解された。そう了解された時に私が覚えた深い安堵感は、うまく言葉に直せないまま、いまなお忘れられない経験として私の中に生きている。

もう一つは創世記三章1-9節である。世界中の人々が、読んだことはなくても知っているほど有名な場面である。

1神ヤハウェが造った野のあらゆる獣のなかで、蛇が最も賢かった。蛇は女に言った、
「園のどの木からも取って食べてはならない、などと神がおっしゃったとは」。2女は蛇
に言った、「私たちは園のどの木の実でも食べてよいのです。3ただ、園の中央にある
木の実からは食べてはならない。これに触れてもならない、死ぬといけないから、と神
は言われました」。4蛇は女に言った、「けっして死ぬことはない。5実は神はあなたが
たがそれを食べる日、あなたがたの目が開いて、あなたがたが神のように善悪を知るよ
うになることをご存知なのだ」。
6女が見ると、その木の実はいかにもおいしそうで、目の欲を誘っていた。その木はま
た人を聡明にしてくれそうであった。そこで、彼女はその実を取って食べ、彼女と共に
いた男にも与えた。彼も食べた。7すると二人の目が開かれ、彼らは自分たちが裸であ
ることを知った。彼らはいちじくの葉をつなぎ合わせて腰を覆った。
8彼らはその日、風の吹くころ、園を往き来する神ヤハウェの足音を聞いた。アダムと
その妻は神ヤハウェの顔を避けて園の木々の間に身を隠した。9神ヤハウェは、アダム
に呼びかけて言った、「おまえはどこにいるのか」。

その時の私は、あるキリスト教主義の女子大学で聖書入門の講義中だった。「みなさん、キリスト教では、アダムとエバが最初に犯した罪が先祖代々すべての人間に受け継がれてきていると言われるのを、一度は聞いたことがあるでしょう。それはこの場面のことですよ」。そんな紋切り型のことを言いながら、私の目は突然、最後の「おまえはどこにいるのか」という神の言葉に釘付けになった。そして記憶ははるか昔、小学校の低学年の頃の自分にフラッシュバックした。

その頃はそもそもテレビ放送というものがまだ存在しなかった。少年たちの楽しみは手塚治虫の「少年アトム」や横山光輝の「鉄人28号」などのマンガを別とすれば、毎日夕方、ラジオで流される空想時代劇番組だった。「笛吹き童子」や「紅孔雀」などが記憶に残っている。免許皆伝の少年剣士が次々と現れる悪役や怪物をなぎ倒して、見事与えられた使命を達成するのである。

時代は、テレビがまだない代わりに劇場映画の全盛期だった。ラジオ放送が完結すると、ただちに映画化されて、全国津々浦々の映画館で封切りとなった。そのたびに私は親に小遣いをせびって、夢中になって友達とそれを見に通った。

映画館から家に戻ると、さっそく野原で仲間といっしょに映画を真似たチャンバラごっことなる。そのためにはどうしても木か竹の刀が要る。私もある日、炊事用の薪のなかから適当な木材を見つけてきて、切れないナイフで苦労しながら一本の刀を削り出した。

そのときふと見ると、隣りの家の小さな庭先にダリヤの花が咲き誇っていた。その長くて細い茎はいかにも試し切りにはもってこいで、「目の欲を誘っていた」。次の瞬間、私は駆け寄るが早いか、出来たばかりの刀でその茎を横に払った。咲き誇っていた花はものの見事に切断されて宙を飛び、数メートル先に着地した。着地するのを見た瞬間、私はワナワナと震え始めた。気づいてみればそのダリヤは、平素私を可愛がってくれていた隣りのおじさんが大事に育てていたものだった。私は刀を放り出すと、一目散で走って家に帰り、布団の詰まった押し入れに身を隠した。布団の手前では、襖を開ければすぐに見つかってしまう。布団の向こう側、押し入れの一番奥の板壁との間の暗がりが唯一の安全地帯と思われた。

その暗がりの中で、当時聖書とは無縁の私が「神さま」に願ったのはただ一つ、時間をたった五分でいいから逆戻りさせてください、ということだった。そうすれば、すべてが元通りになる！　もちろん、それはかなわなかった。どれほど私は自分を嫌悪したことか。

所詮、すべては仲間も見ていたことである。やがて夕方の買い物で留守だった母親が戻ってきた。ただちに事情を聞かされたのであろう、「タカシ、タカシ、おまえはどこにいるの」と、私を探しまわる声が押し入れの奥にまで聞こえてきた。女子大の講義中に私が突然フラッシュバックしたのは、母親のこの声だった。それは創世記三章9節で「おまえはどこにいるのか」とアダムを探す神の声そのものだった。「園の木々の間に身を隠した」アダムとは、あの時押し入れの奥の暗がりに隠れていた自分のことではないのか。

その時、はじめて創世記三章が私にとって単なる神話ではなくなった。逆に、何十年も前のダリヤ事件とその時の自分の行動の意味が新たに了解された。本当のゆるしはいくら自分で自分を嫌悪しても得られるものではない。それは隣りのおじさんのゆるしとして、自分の外側から与えられるしかないものである。そのことも、その時初めて了解した。よく知られたポップソングの一節に、「青春時代の真ん中は、胸に棘さすことばかり」とある。もちろん、「胸に棘さす」体験は青春時代だけに限られるものではない。貴重なのは、それがやがて得がたい経験として還ってくることである。

ここに紹介したのはあくまで私の個人的な経験である。しかし、聖書の前で自己と世界を新しく了解することは、誰にでも、どこでも起きうるし、起きて然るべきことである。それなしでは、伝統的・規範的な聖書の読み方と特定の信仰箇条（教義）への同意という意味での「信仰」も、無意味な「力わざ」にとどまり、決して長続きしないだろう。

真の経験は遅れてやってくる。それを慌てず静かに待つことが重要である。本書がそのために、聖書の読みづらさを超える手引きとなるならば幸いである。

I

聖書の読みづらさ

――青年たちの声と私の経験――

私は本書の執筆を始める前に、複数の大学で現在担当している「キリスト教概論」あるいは「西洋思想史」などの講義と演習で、学生たちが聖書を読みづらいと感じた体験とその理由についてアンケート調査を行った。その設問は、次のとおりである。

幼少時か最近かを問わず、旧新約聖書を読もうとして、もっとも戸惑ったことは何ですか。タブー(書いてはいけないこと)は一切なしで、自由に書いてください。

回答に応じてくれた学生は合計で約百名である。もっと多くの学生に同じ質問をすることも容易にできたが、回収された回答のほとんどが複数の体験と理由を挙げてくれていて、相互にかなりの重複が見られ、重要なポイントは出尽くしていると考えられたので、調査対象をそれ以上広げることはしなかった。

回答の内容は多岐にわたり、単純には整理がつかない。しかし、以下ではいささか便宜的であるが、挙げられた読みづらさの理由をあえて次の四つのグループに分けて考えてみたい。読者の方々は、それぞれの関心に応じた順番で読んでくださってかまわない。

1 「正典」と「古典」であるがゆえの宿命
2 聖書そのものの文書配列の不自然
3 異質な古代的世界像
4 神の行動の不可解

1 「正典」と「古典」であるがゆえの宿命

§1 聖書はただ「信じるべきもの」なのか

学生たちの圧倒的に多くの者はキリスト教徒ではない。しかし意外にも、その彼らが聖書について抱いている第一のイメージは、それがキリスト教会の規範の書、つまり「正典」だというものである。そして彼らの目から見れば、キリスト教徒は聖書に書かれていることをすべて信じているか、そうすべきだと思っているはずなのである。ところが実際には、聖書には非科学的なことがたくさん書いてある。どうしてそのすべてが信じられるのか。一人の学生はこう書いている(聖書の該当箇所は私が補っている)。

聖書の中で語られる物語と現実とのギャップをどのように捉えればよいのかわからなかった。たとえば、人は塵からつくられたという聖書の記述（創二7）と、科学的に見た人類誕生の過程は異なる。キリスト教を信じる人は、そのような科学的知識を否定し、聖書の言葉をすべて信じるべきなのか。

キリスト教会の規範としての聖書が人間を「信じる者」と「信じない者」に二分して、「信じる者」には救いを約束するが、「信じない者」には滅びを宣告することも（ヨハ三18、六47他）、多くの学生たちにとって大きなつまずきであり、時には感情的な反撥を呼び起こしている。住宅街や田舎道を歩いていると、よくまあこんなところにまで、と思うような場所に、黒地に白抜きの文字で「信じる者は救われる。信じない者は死後さばきに会う。聖書」などと書いたポスターが打ち付けられているのを見かけることがある。こうなると、もう恫喝以外の何物でもない。聖書をこのように読まされるのでは、反撥を感じない方がおかしいであろう。

しかし、キリスト教徒ではない立場から見れば、キリスト教徒はやがて来るべき最後の審判を信じている者たちなのである。その最後の審判は、それぞれの生前の行いにしたがって行われるという。すると、信じる者は、聖書に書かれている膨大な戒律をすべて守らなくてはいけないのか。守れなかったらどうなるのか。学生たちはこう書いている。

・「信じる者は救われる」は好きではない。じゃあ、信じない者は救われないのか。
・神は信じる者しか救わないのか。神の言いつけにそむいた人には「罰が当たる」のか。聖書にあるようなたくさんの戒律を守るのは、とても困難なことのように感じるが、それをすべて守れなければ救われないのか？　現世でどの程度戒律に従順だったかが、天国に入れるかどうかを左右するものなのか。

別の学生は、キリスト教徒が聖書に向かう姿勢について、「読むという行為よりも信じるという行為の方が多すぎる」と感じている。また別の学生は「信仰を持っていない自分」が「信仰を持っている人」の発言を前にして感じる難しさをこう表現している。

・個別の場合に限ったことではないが、信仰を持っていない自分に、持っている人の文章を理解して読むのは難しい。たとえば「信じない者が神の怒りによって滅ぶのは当然です」とか。そこまできっぱり言われてしまうと、何と言うか、あまりいい気持ちがしない。信仰を持っている人の感覚がないと、こういう発言を理解することは難しいと思う。

この最後の回答は、いみじくも「信仰」と「理解」の違いを突いている。信仰者の使う言語は、非信仰者にとっては、理解困難な「外国語」なのである。まして聖書がそうでないはずがない。そこから、信仰のための規範の書という読み方以外に、まず「理解するために読む」があるべきではないのか、という問いが生じてくる。

§2 聖書は「神さまが書かれたもの」なのか

学生たちの戸惑いは、キリスト教主義大学が礼拝とキリスト教概論や聖書入門などの授業で聖書を取り上げる方法に対しては、一段と具体的になる。次に紹介するのは、ある女子学生の回答である。

私は高校まで公立育ちなので、大学に入って初めて聖書に触れました。だから聖書だけでなく、この学校の雰囲気や礼拝担当の先生が言うことなどにとても戸惑い、受け入れるよりも抵抗が強かったです。まず、先生が聖書のことを「これは神さまが書かれたものです」と言っても、何を言っているのだろう?と思いました。授業では、最初に創世記が取り上げられましたが、私はそこに書かれている文章をそのまま真に受けて読んでしまったので、「こんなことで世界がつくられるわけがないじゃないか」と思ったし、礼拝担当の先生が「信じなさい」と言っても、「こんなの信じられるわけないじゃないか」と思いました。とても言い方が悪いのですが、私はなにか危ないところに来ちゃったのかな、と思ったりもしました。

聖書を「これは神さまが書かれたものです」と言うことは、キリスト教主義の大学に限らず、キリスト教会の礼拝ではあまねく行われている。それは本書の「はじめに――聖書への招待」でも述べたように、すでに聖書全体があくまで神を主語として話が進む書物であることに始まっている。

教会の説教には、それをそのままナイーブに自明視して踏襲するだけのものもあれば、それが初心者にはきわめて不親切なものであることを承知しながら、あえてその不親切を踏襲する立場もある。この後の方の立場にとっては、聖書の語り手の人間としての経験に肉薄することは、余分なことであるにとどまらず、危険なこととさえもみなされる。どちらの立場の説教であれ、初めから「これは神さまが書かれたものです。神、かく語り給う。信じなさい」では、初心者にとっては、権威主義だけが鼻につくに違いない。

§3　どうして部分しか読まないのか

キリスト教主義大学か教会かの別は問わず、礼拝は時間的に限られている。そのために、解き明かしのために取り上げられる聖書の箇所も、ごく限られた長さのものにならざるをえない。しかも、同じ一人の説教者がどれか特定の文書を選んで、連続して講解してゆく場合（講解説教）もあるが、その時々の時事問題とからめて行われる説教（主題説教）もある。この後の方の場合には、そのつど説教の主題とうまく合致するような聖書の箇所を探してくることになる。

キリスト教主義大学の礼拝のように、担当者がそのつど交替する場合には、取り上げられる箇所はあっちに飛び、こっちに飛んで目まぐるしい。それでも自ずとくりかえし取り上げられる文書、あるいは箇所と、ほとんど読まれないそれとが分かれてしまう。その結果、礼拝で取り上げられる箇所だけを聞いているかぎり、聴衆は聖書をつねに断片でしか読まないことになり、全体のつながりが一向にわからないままである。

おまけに、時事問題とからめた主題説教も、取り上げた聖書の箇所と内容的にいつもうまくつながるとはかぎらない。学生たちの耳は、そのあたりについてはきわめて敏感である。事実、ある学生は、「先生が朝の礼拝で聖書と時事問題とからめて話をしてくれたが、その話にどうして聖書が必要なのか、よくわからなかった」と回答している。その先生の四苦八苦が手に取るように浮かんでくる。

同じ聖書でも文書と箇所によって取り上げられる頻度が違うという点は、礼拝にかぎらず、聖書入門やキリスト教概説の授業でも変わらない。二人の学生の感想を紹介しよう。

・聖書入門の授業で取り上げられるのは福音書に片寄っていて、とくにヨハネの黙示録などはまったく触れられなかったのが不思議である。
・聖書の年代があまりに広範囲に及んでいるので、授業で聖書を開いても、順を追って読んでいくわけにはゆかず、モーセの時代からイエスの時代へ話が飛ぶことも多い。そのような時、自分の頭の中で、歴史的背景を整理することが難しい。

私にも経験があるが、限られた一年間の授業回数の中で、新約聖書の二七文書に限っても、まんべんなく取り上げることは大変難しい。まして大部な旧約聖書までそうすることはほとんど不可能である。ところが、新約聖書の中には、右に引いた第二の回答が言うとおり、「モーセの時代からイエスの時代へ」、あるいはその逆で「イエスの時代からモーセの時代へ」、単純計算で千年以上も「話が飛ぶ」ことが少なくない。ここでは二カ所だけ見てみよう。

マルコ福音書一〇章2-9節

[2]すると何人かのファリサイ人が近寄ってきて、イエスに尋ねた、「夫が妻を離縁する
のは、許されているのですか」。イエスを試みようとしたのである。[3]イエスは答えて
言った、「モーセはあなたたちに何と命じたか」。[4]彼らは言った、「モーセは離縁状を
書いて離縁すること(申二四1以下)を許しました」。[5]イエスは彼らに言った、「モーセが
あなたたちにその掟を書いたのは、あなたたちの心が頑だからだ。[6]しかし、天地創造
の初めから、神は人を男と女にお造りになった(創一27)。[7]それゆえ人は自分の父母を
離れてその妻と結ばれ、[8]二人は一体となる(創二24)。だから二人はもはや別々ではな

く、一体である。9したがって、神が結び合わせてくださったものを、人間が離しては
ならない」。

マルコ福音書一二章26-27節

26「死人たちが復活することについては、モーセの書の「柴」の件(出三2以下)で、神が
モーセにこう言われたのを読んだことがないのか。『この私がアブラハムの神、イサク
の神、ヤコブの神である』。27神は死んだ者たちの神ではなく、生ける者たちの神であ
る。あなたたちはひどく思い違いをしている」。

最初の記事はイエスがファリサイ人と交わす「離婚問答」、後の方の記事はサドカイ人のグループと交わす「復活問答」の一部である。途中、私が括弧で補った旧約聖書の箇所(申二四1以下、創一27、二24、出三2以下)は、イエスの時代に「モーセ五書」と呼ばれた旧約聖書の最初の五つの文書(創世記、出エジプト記、レビ記、民数記、申命記)に属している。イエスの時代のユダヤ人たちはこの五文書を、その呼び名のとおり、太古にモーセによって書かれたものと考えていたのである。前掲の回答が言うとおり、このような歴史的背景を即

座に整理しながら読むのは通常の読者にとっては大変な負荷であるに違いない。

以上紹介してきた学生たちの回答には、一種の皮膚感覚みたいなものが共通している。それを一人の学生はこう表現している。

§4 聖書は難しくて、堅苦しい

聖書は難しいもの、堅苦しいものというイメージがあって、その世界観まで入り込むのに困難がある。

聖書の世界観に「入り込む」、つまり「理解」しようとする前に、ある「堅苦しさ」に捉えられるというのである。「信仰を持っていない自分に、持っている人の文章を理解して読むのは難しい」という感想はすでに紹介したとおりだが、そこでも同じ堅苦しさが感じられているのかも知れない。

この堅苦しさは、キリスト教会の正典としての読み方が、キリスト教徒ではない読者にも大きな影響を及ぼしていることを示している。その結果、彼らには奇妙な自己規制が働くことになる。すなわち、聖書は教会のもの、下手なことが言えない、という遠慮である。

ここから私自身においても、一つの謎が解ける。すでに述べたとおり、私は長年、キリスト教主義大学と一般の大学で聖書と古代キリスト教文学を講じてきた。その間、私はくりかえし、私のことを個人的によく知らない学生や同僚たちが私に対してあるよそよそしさを保っているのを感じたことがある。その理由は、前述の「聖書は難しくて、堅苦しい」と同じである。聖書がそうなのだから、聖書学の専門研究者は聖書以上に「難しくて、堅苦しい」と思われても当然なのである。ただ悔やまれるのは、私自身がこのことに気づくのがあまりに遅かったことである。

§5　間接的にしか読まない「古典」

前項で述べた「聖書は難しくて、堅苦しい」という皮膚感覚は、聖書がキリスト教会の「正典」であることを知った時に初めて始まる。その認識は青年期に生まれると言ってよいだろう。しかし、わが国では、おそらく世界中の多くの国の場合と同じように、青年たちは実は例外なく、すでに幼少の頃に聖書に接しているのである。それを媒介するのが、子供のさまざまな発達段階に応じて工夫された絵本や読本である。そこでは旧約聖書よりは新約聖書、その中でもとりわけイエス(・キリスト)の生涯が圧倒的に多く取り上げられる。これはすでに遠く明治維新後の近代化の時代に始まっているに違いない。

また、最近ではテレビ画面を使って動画として見る電子媒体のものも数多く出回っている。いずれもその発行元はキリスト教関係ばかりとは限らず、大手の一般書店や電子媒体の製作者に及んでいる。聖書がわが国でも「古典」としての地位を与えられていることの、これ以上に見やすい証拠はないであろう。

事実、二人の学生が、子供の頃の読書体験を次のように報告している。

・小さい頃、子供用の絵本や読本でイエスの奇跡物語を読んで、神=イエスだと思っていた。
・(キリスト教主義大学に)入学して聖書を読み始めるまでは、イエス・キリスト=神、と思っていた。キリスト教とまったく関わりがない場合、本当に誤解の塊ができてしまう。

どちらも、新約聖書ではイエス・キリストが神そのものではなく、「神の子」とされていることを知った上での発言である。では逆に、子供用の絵本や読本では、「父」なる神の影は本当にそこまで薄いのか。私は実際に何冊か手に取って読んでみた。すると、たとえば受胎告知の場面では、天使ガブリエルがマリアに、「おそれることはない。神さまはあなたに、ひとりの男の子をおさずけになります」(ルカ一30-31参照)と告げている。また、イエス・キリスト自身が伝道の途中で神に向かって、「天地の主である父よ、あなたをほめたたえます。これらのことを知恵ある者やかしこい者にはかくして、幼子のような者にお示しになりました」(マタ一一25/ルカ一〇21参照)と祈っている。さらに、最後の夜に逮捕される直前には、「父よ、わたしが飲まないかぎりこの杯(=死の定め)が過ぎ去らないのでしたら、あなたの御心が行われますように」(マコ一四36参照)とも祈っている。

しかし、これらの文章は絵本あるいは読本全体から見ると、ほんの短い一コマにすぎない。圧倒的に前面で描かれるのは、イエス・キリストが超人間的で全能かつ異能の存在(神)であることを示すエピソード、とりわけ奇跡物語である。そこからイエス・キリスト=神、という見方が生まれることは、容易に想像がつく。

子供用の絵本と読本ばかりではない。最近では大人向けのマンガ聖書もあれば、『小説聖書』も複数ある。いずれにおいても、イエス・キリストについては、新約聖書の四つの福音書をシャッフルして、要約的に再話するのである。そのような要約的再話が行われるということこそ、「古典」の宿命と言えよう。わが国でも、古事記しかり、日本書紀しかり、源氏物語しかりである。

たしかに、要約的再話に導かれて古典の本文そのものを読むことに進む読者もいることであろう。しかし、それに劣らず多くの読者は、要約的再話で「わかった」気になってしまい、古典の本文そのものには近づかない。古典は本気で読まれることが少ないのである。

2　聖書そのものの文書配列の不自然

聖書が読みづらい第二の理由は、旧約聖書も新約聖書もそれぞれの文書配列が初読者には不親切きわまりないことである。一念発起、世界最大のベストセラーを自分も読んでみようと思って聖書を手に取る初読者が、まず見るのは当然、全体の目次である。そこでは旧約聖書と新約聖書に分かれていて、それぞれの書名が列挙されている。ここで、表1と表2をご覧いただきたい。冒頭の凡例に掲出したもののくりかえしになるが、もう一度、一覧表にしてみよう。後述の便宜のために通し番号を付しておこう。

表1　旧約聖書の文書配列．新共同訳による

1	創世記《そうせいき》
2	出《しゅつ》エジプト記
3	レビ記
4	民数記《みんすうき》
5	申命記《しんめいき》
6	ヨシュア記
7	士師記《ししき》
8	ルツ記
9	サムエル記上
10	サムエル記下
11	列王記《れつおうき》上
12	列王記下
13	歴代誌《れきだいし》上
14	歴代誌下
15	エズラ記
16	ネヘミヤ記
17	エステル記
18	ヨブ記
19	詩編《しへん》
20	箴言《しんげん》
21	コヘレトの言葉
22	雅歌《がか》
23	イザヤ書
24	エレミヤ書
25	哀歌《あいか》
26	エゼキエル書
27	ダニエル書
28	ホセア書
29	ヨエル書
30	アモス書
31	オバデヤ書
32	ヨナ書
33	ミカ書
34	ナホム書
35	ハバクク書
36	ゼファニヤ書
37	ハガイ書
38	ゼカリヤ書
39	マラキ書

表2　新約聖書の文書配列．新共同訳による

1	マタイによる福音書《ふくいんしょ》
2	マルコによる福音書
3	ルカによる福音書
4	ヨハネによる福音書
5	使徒《しと》言行録《げんこうろく》
6	ローマの信徒への手紙
7	コリントの信徒への手紙一
8	コリントの信徒への手紙二
9	ガラテヤの信徒への手紙
10	エフェソの信徒への手紙
11	フィリピの信徒への手紙
12	コロサイの信徒への手紙
13	テサロニケの信徒への手紙一
14	テサロニケの信徒への手紙二
15	テモテへの手紙一
16	テモテへの手紙二
17	テトスへの手紙
18	フィレモンへの手紙
19	ヘブライ人への手紙
20	ヤコブの手紙
21	ペトロの手紙一
22	ペトロの手紙二
23	ヨハネの手紙一
24	ヨハネの手紙二
25	ヨハネの手紙三
26	ユダの手紙
27	ヨハネの黙示《もくし》録《ろく》

以上の書名表記は、一九八七年に超教派の共同作業によって刊行された新共同訳聖書に準じている。同訳は旧約聖書と新約聖書の中間の時代にユダヤ教の中で著わされた文書を合計一三選抜して、「旧約聖書続編」として付加した版も同じ一九八七年に刊行している。

§6　全体のつながりがわからず、どこから読んでも迷路に迷い込む

さて、まったくの初読者にとっては、この目次を見ながら、そもそもなぜ旧約聖書と新約聖書の区別が存在するのかがわからないはずである。

すでに「はじめに――聖書への招待」でもふれたように、旧約聖書は紀元前の数百年にわたるイスラエル民族とユダヤ教の歴史の中で書き下ろされたものである。そこでは終始、神がイスラエル民族の大祖先に与えた救済の約束とその目まぐるしく変わる行方が中心的な主題である。キリスト教会がそれを自分たちの正典の一部として受け入れたとき、旧約聖書と呼んだ。そのわけは、イエス・キリストにおいて神の新しい救済の約束が実現されたと考えたからである。したがって、旧約聖書と新約聖書という名称には、前者から後者へと至る悠久のストーリーが凝縮されているわけである。

しかし、わが国における聖書の初読者たちの中には、旧約聖書を「旧訳聖書」、新約聖

書を「新訳聖書」と思い込んできた者が少なくない。私の経験では、キリスト教概論や聖書入門の授業を一年間聴講した最後の記述試験においてさえ、かならずこの誤表記が現れる。これでは悠久のストーリーどころではない。同一の文書の旧い翻訳に代わる新しい翻訳が出てきたという話になってしまう。

それでも健気に目次に沿って通読しようと試みるとどうなるか。その結果を二人の学生がこう報告している。

・聖書を初めて読んだとき、最初の一ページ目から読み始めようと思ったが、途中で物語の関連性がわからなくなってしまった。順序正しく理解するのが難しい。
・全体を一つのものと捉えて聖書の初めから読んだ方がいいのか、一つ一つのものが独立したものと捉えてどこから読んでもいいものなのか、聖書を理解するという意味で読むならどちらがよいのかわからない。

別の学生は全体のつながりがわからなくなる原因として、「人名、それも同じ名前が多すぎて混乱する」ことを挙げている。人物がたくさん出てきすぎて、どの人がどれほど重要な役割を担っているのかがわからなくなるというのである。ある特定の重要な主人公がはっきりしている場合でも、その人物について短い話が連続するだけで、なかなかイメージを連続的に発展させることができないともいう。語り口があまりにエピソード的だということである。事実、とりわけ旧約聖書では、仔細に見ると話が前後で矛盾したり、隙間を残したままになっていることが少なくない。

§7　隙間だらけの旧約聖書

旧約聖書の創世記から列王記下まで（表1の目次の1から12）は、マクロに見れば、たしかに一連の物語になっている。そこでは、天地創造から始まって、ノアの洪水物語、アブラハム・イサク・ヤコブの族長物語、ヤコブとその息子たちのエジプト下り（以上、創世記）、モーセに率いられたイスラエルの民のエジプト脱出と荒野の放浪（出エジプト記〜申命記）、約束の土地への侵入（ヨシュア記）、やがて王制の成立（前一〇〇四年）に至る経過（士師記〜サムエル記下）と南北の王朝への分裂（前九二六年、列王記上）、アッシリアによる北王国の滅亡（前七二二／一年）、南王国ユダのバビロン捕囚による滅亡（前五八七年、列王記下）までが物語られる。

しかし、ミクロに見れば、実に多くの「隙間」が目につく。六つほど例を挙げてみよう。

（1）創世記一章の天地創造の話では、人間はその他の動植物が造られた後の第六日に、男と女が同時に創造される（26-27節）。ところが、続く第二章では、地上では真っ先に人間が創造され（7節）、植物も動物もその後から造られる（9、19節）。しかも、その人間は男で、「独りでいるのはよくない」というので、「助け手」として女が造られる（18節以下）。何と、創世記の冒頭には、相異なる天地創造の物語が二つ並んでいるわけである。

（2）続く創世記四章では、弟アベルを殺害したカインがエデン園の東に追放される。そこで「カインは妻を知った」と17節には書かれている。しかし、カインとアベルはアダムとエバの最初の子供たちであり、その他の人間はまだ生まれていないはずなのである。「カインの妻」はいったいどこから来たのか。さらに、追放されるカインが「地上をさまよい、さすらう者となってしまえば、わたしに出会う者は誰であれ、わたしを殺すでしょう」（14節）と言うのも、同じように不思議な話なのである。

（3）創世記一八章では、アブラハムとサラが子供に恵まれないまま老年になっている。その二人に神が「来年の今ごろ、男の子が生まれる」ことを約束すると、サラは密かに笑ってしまった。「自分は年をとり、もはや楽しみがあるはずもなし、主人も年老いているのに」と思ったのである(10-12節)。しかし、神の約束は成就し、息子イサクが誕生する。それは二一章1-8節で語られる。

ところが、その間にはさまれた二〇章では、アブラハムとサラは突然若くて美しい夫婦に変身している。妻サラがあまりに美しいので、夫アブラハムは異境の王国に入る前に身の危険を感じる。その地の王がサラを横取りするために、自分を殺害するのではないかと。そこでサラに、自分の妻ではなくて妹だ、と言わせることにする話である。

(4)出エジプト記三章は、モーセがエジプト脱出のリーダーとして召命される場面である。神は、荒野で燃える柴の炎の中から自分をモーセに現す。モーセは与えられた使命におののきながら、神の名を問う(13節)。モーセは名も知らぬ神に直面しているのである。六章2-3節では、神がモーセの問いにあらためて答えて、「わたしはヤハウェ(新共同訳「主」)である。わたしは、アブラハム、イサク、ヤコブに全能の神として現れたが、ヤハウェというわたしの名を知らせなかった」と答える。

たしかに、神が「アブラハム、イサク、ヤコブに全能の神として現れた」ことは間違いない。創世記に、そう明記されている(一七1、二八3他)。しかし、彼らには同時に、「ヤハウェ(主)」という名前も明瞭に知らされている。

たとえば、神がアブラハムの子孫を天の星の数のように増やすことを約束する創世記一五章では、アブラハムは神に「わが神、わがヤハウェよ。わたしに何をくださるというのですか。わたしには子供がありません」(2節)とたずねている。事情はイサクとヤコブについても同じである。イサクの次男ヤコブが兄のエサウになりすまして、老齢で目がよく見えない父親から長子権のための祝福をだまし取る場面(二七章)では、こう書かれている。「イサクが息子に尋ねると、ヤコブは答えた、『あなたの神、ヤハウェがわたしのために計らってくださったのです。』」(20節)。

そのように、創世記でアブラハム、イサク、ヤコブに神を明瞭にヤハウェという固有名で呼ばせておきながら、出エジプト記六章2-3節に至って、彼らに「ヤハウェというわたしの名を知らせなかった」はないではないか。

最後に、もう少し大きなスケールでの「隙間」も二つ指摘しておこう。

(5)モーセに率いられてエジプトを脱出したイスラエルの民は、荒野をしばらく旅した後、やがてシナイ山に到達する。そこでモーセは神の命によって、雲に霞む山の頂きに登り、民全体が守るべき戒めを与えられる。それが「モーセの十戒」(出二〇3-17)をはじめとする、いわゆる「モーセ律法」である。出エジプト記の最後では、それを受け取った後、

「イスラエルの人々は出発した」(四〇36)と明言されている。再び、荒れ野の旅路が始まったのである。

ところが次のレビ記では、話は一向に先へ進まない。神はいかにも唐突にモーセを通して、こう命じるのである。「牛を焼き尽くす献げ物とする場合には、無傷の雄をささげなさい」(一3)。レビ記は同じような犠牲やその他の儀礼にかかわる大小無数の戒律を延々と列挙した後、最後は「以上は、ヤハウェ(主)がシナイ山において、モーセを通してイスラエルの人々に示された戒めである」(二七34)という断り書きで結ばれる。「なーんだ、レビ記全体もまだシナイ山での話だったのか」。

仮に出エジプト記の最後からレビ記をスキップして、民数記へ飛んでも事情は変わらない。そこでも最初の九章は「なーんだ、まだシナイ山での話」なのである。シナイ山からの出発は民数記一〇章11節で初めて明言される。物語上のこの隙間に気づくほど注意深い初読者はまずいない。たいがいの初読者はほぼこの辺りで、つながりがわからなくなり、あえなく沈没するのである。事実、ある学生はこう回答している。

旧約聖書から通読しようとすると、レビ記と民数記で読み進められなくなる。とくにレビ記をどう読めばよいかわからない。礼拝で読まれることも少なく、非常にわかりづらい。

(6)以上のような「隙間」にもかかわらず、創世記から列王記下まででは、すでに述べたように、大きく見れば一連の物語になっているのである。しかし、その後はどうなるのか。旧約聖書の目次では、その直後に歴代誌(上下)が来るから、その名前から見ても、その後の物語が続くはずだと初読者は考えるはずである。

ところが、歴代誌上はなんと、最初の人間アダムに話を戻して、その系図から説き起こすのである! その後は歴代誌下も含めて、創世記から列王記下までに語られていることに沿ったり、離れたりしながら反復していく。最後だけは少し延長して、バビロンに捕囚となっていたユダヤ人たちが、バビロニア帝国を滅ぼしたペルシア帝国によって解放される話で終わり、その後のエズラ記、ネヘミヤ記、エステル記の三書につながっていく。旧約聖書の目次が話のつながりを示すものでないことが、これ以上明らかになることも少ない。

§8 読むに読めないモーセ律法

「モーセ律法」と呼ばれるものは、「律法」という名のとおり、大小さまざまな戒律集である。その範囲を狭くとれば、モーセが最初にシナイ山で神から授かった部分(出二〇—四〇章)、前記のように「なーんだ、これもまだシナイ山での話だったのか」のレビ記全体と民数記一—九章、モーセが約束の土地(パレスティナ)を目前にして死を迎える時に遺言として、そのシナイ山で与えられた律法を拡大しながら、イスラエルの民全体に再度言い聞かせる部分(申五—三〇章)が、文字どおりの戒律集である。これ以外にも、シナイ山を発って約束の土地を目指して再び荒れ野を進む途中に与えられる戒律も少なくない(民一五、二八—三〇章)。

その結果、出エジプト記、レビ記、民数記、申命記の四書は、モーセを通して与えられた戒律、すなわち「モーセ律法」で満ちみちているわけである。最初の創世記もモーセが書いたものという見方も加わって、やがて旧約聖書の最初の五書が「モーセ五書」、あるいは「モーセ律法」と呼ばれることになったのである(後出§30末尾を参照)。

こうして「モーセ五書」では、戒律集が延々と羅列される。「モーセの十戒」のような重要な戒律が二度くりかえされる(出二〇章と申五章)のはまだしも、現代日本の読者にはまったく理解不能な宗教的儀礼や日常生活にかかわる戒めが、微に入り細を穿ってくりかえされることになる。ここでは紙幅の都合で、二つに限って見てみよう。

出エジプト記二三章14-18節

14あなた(イスラエルの民)は年に三度、わたし(神ヤハウェ)のために祭りを行わねばならな
い。15あなたはまず除酵祭を守らねばならない。わたしが命じたように、アビブの月の
定められた時に、あなたは七日の間酵母を入れないパンを食べねばならない。あなたは
その時エジプトを出たからである。何も持たずにわたしの前に出てはならない。16それ
から収穫の祭り、すなわち、あなたが畑に蒔いて得た穀物の初物の刈り入れの祭りを行
いなさい。年の始め(秋)にも、畑の木の実を取り入れる時に、収穫の祭りを行わねばな
らない。17年に三度、男子はすべて、主なる神の御前に出ねばならない。18あなたはわ
たしにささげるいけにえの血を、酵母を入れたパンと共にささげてはならない。また、
祭りの献げ物の脂肪を朝まで残しておいてはならない。

レビ記一四章34b-38節

34bあなたたち(イスラエルの民)の所有地で家屋にかびが生じるならば、35家の主人は祭司

に「かびらしきものがわたしの家屋に生じました」と報告する。[36]祭司は、かびの状態を見に入る前に、その家屋の中にある物が全部汚れないようにしてから、家屋を調べるために入り、[37]かびの状態を見る。家屋の壁に青かびか、赤かびが生じており、壁の内部にまで及んでいるように見えるならば、[38]祭司は家の入り口から出て、その家を七日間封鎖する。

この種の戒律が列挙される間は、当然のことながら、物語は先には進まない。それどころか、読者は戒律の不可解な内容に頭を悩ますうちに、容易に物語がどこまで来ていたのか、そちらの方を忘れてしまう。

物語はイスラエルの民がモーセに率いられてエジプトを脱出し、荒れ野を進み、シナイ山を経て約束の土地カナン（パレスティナ）の目前まで来ているのである。たしかに、モーセ五書はさまざまな戒律を延々と列挙していく途中のところどころで、読者にそのことを断っている。たとえば、前掲の二つ目の引用は、レビ記一四章34節の後半34ｂからのものであるが、同じ節の前半34ａでは、「あなたたち（イスラエルの民）が所有地としてわたし（神）から与えられるカナンの土地に入るとき」と言われている。

その他、出エジプト記二三章27節、レビ記一九章23節、二〇章22-24節、二五章2節、申命記四章5節などにも、ほぼ同じような但し書きがはさみ込まれている。しかし、その頻度はあまりに少なく、読み飛ばしてしまう読者が大半であろう。

仮にそうではない注意深い読者がいるとしよう。しかし、その読者も、この但し書きがなぜ必要なのか、その理由までは理解しないに違いない。すなわち、ここではわれわれは不思議な事実に直面しているのである。イスラエルの民はまだ荒れ野を旅しているはずで、一定の土地と家屋に定住もしていなければ、畑を耕して穀物や木の実を得てはいないはずである。ところが、ここに引いた二つの戒めは、イスラエルの民がすでに定住して農耕を営んでいることを自明の前提としている。物語とその中に出てくる戒律が互いにミスマッチなのである。

前述の但し書きは、このミスマッチを軽減する算段に他ならない。約束の土地に定住するようになったら必要になるはずの戒めを、その手前の荒れ野にいる段階であらかじめ与えておくという話である。なんと手の込んだ細工であろうか。こうして、ある注意深い初読者は、「モーセ五書」について、こう述懐している。

物語的要素の中になぜ儀式のことが出てくるのか。物語なのか、法なのか。

§9　詩文と預言書はバラバラの断章の集合体

初読者が「モーセ五書」の戒律（律法）部分に勝るとも劣らず読みづらいと感じるのが、詩編とイザヤ書以下の預言書（表1の23から39）である。その理由は、どちらもストーリー性がまったくなく、比較的短い詩文、あるいは散文の断章が順不同で並べられているからである。

詩編は全体で一五〇篇からなる。まず、そのうちのよく知られた一篇を新共同訳で読んでみよう。

詩編九〇篇3―12節
3あなた（ヤハウェ）は人を塵に返し／「人の子よ、帰れ」と仰せになります。／4千年と
いえども御目には／昨日が今日へと移る夜の一時にすぎません。／5あなたは眠りの中

に人を漂わせ／朝がくれば、人は草のように移ろいます。／6朝がくれば花を咲かせ、
やがて移ろい／夕べにはしおれ、枯れて行きます。
7あなたの怒りにわたしたちは絶え入り／あなたの憤りに恐れます。／8あなたはわた
したちの罪を御前に／隠れた罪を御顔の光の中に置かれます。／9わたしたちの生涯は
御怒りに消え去り／人生はため息のように消えうせます。／10人生の年月は七十年ほど
のものです。／健やかな人が八十を数えても／得るところは労苦と災いにすぎません。
／瞬く間に時は過ぎ、わたしたちは飛び去ります。／11御怒りの力を誰が知り得ましょ
うか。／あなたを畏れ敬うにつれて／あなたの憤りをも知ることでしょう。／12生涯の
日を正しく数えるようにしてください。／知恵ある心を得ることができますように。

これと同じように自分の人生の苦難を嘆く内容のものは他にもたくさんある（六、一三、二八篇他）。逆に、神への感謝を歌うもの（九、一八、三〇篇他）、王を讃えるもの（一〇一篇他）、結婚式（四五篇）と葬式（八八篇）に歌われるもの、そして子供の教育のために歌われるもの（一〇六篇他）もある。その一つ一つは、ここに引いた第九〇篇のように、初読者にも十分理解が可能な内容のものである。しかし、これら多様な主題の詩が順不同で続くために、全体

の意味を読み取ろうとする読者は途方に暮れることになる。

・詩編のように詩文になっているものは、意味がよくわからない。詩編はなんとなくつながっているのだろうが、全体のまとまりが見えにくいものは、読んでもよくわからない。
・旧約聖書の中の詩編の存在理由がわからず、なかなか読む気になれない。なぜそれは記載されたのか。

イザヤ書以下の預言書についても、事情はほとんど同じである。そこでもそれぞれの預言者のしばしば謎めいた発言が延々と並べられる。イザヤ書から二つ例を引いてみよう。

イザヤ書六章8−10節
[8]時にわたし(イザヤ)はヤハウェ(主)の語られる声を聞いた、「だれをわたしは遣わそう
か。だれがわれらのために行くか」と。そこでわたしは答えた、「はい、わたしがここ
におります。わたしをお遣わしください」。[9]すると言われた、「行け、そしてこの民に

語れ、『おまえたち、繰り返し聞け、だが理解してはならない。おまえたち、繰り返し
見よ、だが認識してはならない』と。10肥え鈍らせよ、この民の心を。彼の耳を重くし、
彼の目を閉ざせ。彼が目で見、耳で聞き、心で理解して、立ち帰って癒されることのな
いためである」。

イザヤ書四〇章3-5節

3呼ばわる者の声がする、「荒野に整えよ、ヤハウェの道を。まっすぐにせよ、荒れ地
に、われらの神のための大路を。4すべての谷は埋められ、すべての山と丘は低くなる。
起伏ある土地は平原に、険しい地は平野となる。5こうしてヤハウェの栄光が現され、
すべての肉なる者が共に見る。まことに、ヤハウェの口が語られたのだ。

これらの言葉は多くの場合、前後の言葉から、一行分の空欄を間に置いて印刷されている。それぞれの言葉は断章であって、順を追って読んでもまとまった意味が読み取れるわけではないのである。しかも、それぞれの預言書においてそうであるのみならず、イザヤ書（表1の23）から始まってマラキ書（表1の39）までの合計一七文書の並び方にも特別な意味

はない。たとえば、書かれた年代順に並んでいるわけではない。

詳しくは後述するとおり、これらの預言者たちはそれぞれ紀元前八世紀から四世紀前半までのイスラエル・ユダヤ民族の歴史のさまざまな局面で活動した(§31参照)。現在の旧約聖書は、それぞれの預言者の集められた言葉を、その大きさ順で並べているのである。目次に沿った読み方では、迷路に迷い込むのが当然である。

§10　本筋が見にくい新約聖書

目次順に読んでも全体像がつかみ切れない点は、新約聖書もまったく同じである。ある学生は、いみじくも次のように回答している。

> 新約聖書は「～の福音書」や「～の手紙」など、短編集のように話が区切られているために、どれが本筋の内容なのか理解できなかった。

まず冒頭に福音書が四つ置かれ、どれもがイエスの生涯を「神の子キリスト」の生涯として物語っている。この生涯なしではキリスト教はそもそも成立しなかったはずであるから、最初にその話になるのはよくわかる。しかし、初読者がまず戸惑うのは、話が細切れでエピソード集のような語りになっていることである。イエスはさまざまなテーマでユダヤ人と論争するかと思えば、病気や障害を負った人々を奇跡的に癒し、多くの群衆に向かって譬え話を使って「神の国」を宣べ伝える。ところが、それらの場面のつながりは、登場人物の言動の内面的な一貫性という点から見ると、それこそ隙間だらけなのである。その内面的な一貫性にこだわる現代人の感覚からすると、福音書の話は「飛び飛び」で、時には支離滅裂に感じられる。そのことを別の学生はこう報告している。

話が飛び飛びだからか、弟子たちの行動などが、まれに支離滅裂だったり不可解に感じた。

しかも、ややこしいのは、四つの福音書の間で差があることである。四番目のヨハネによる福音書では、いま述べた「飛び飛び」感はあまり生じない。しかし、それ以外の三つの福音書では、その感が著しい。その他の点でも、ヨハネによる福音書は他の三つの福音書との違いが大きい。このことは四つの福音書を読み比べてみれば、だれにでもすぐわかる。

　他方、マタイ、マルコ、ルカの三福音書の間では、同じ内容の話が重複して出てくる場合と、逆に、一つの福音書にしかない話もある。どうしてそうなっているのか、どう読めばよいのか。これが初読者が福音書を読もうとする時に、次に直面する戸惑いである。

　まず、一つの福音書にしかない話の例を一つだけ挙げよう。世上よく知られた「放蕩息子」の譬え(ルカ一五11-32)がそれである。ある人に息子が二人いた。弟息子は父親の財産を生前に分与してもらって家出し、放蕩に身を委ねるうちに、すぐにそれを使い尽くしてしまう。食べるに窮した彼は、父親の下で使用人として働かせてもらう決意で戻ってくる。それを遠くから見つけた父親は喜んで駆け寄り、胸にかき抱くと、家中あげての祝宴を催す。たゆまず一生懸命働いてきた兄息子がそれを見て、父のやり方に不平を洩らすという話である。これはルカ福音書にしか出てこない。

　他方、重複して出てくる話の場合は、その重複にも二通りある。その一つはマタイ、マルコ、ルカの三福音書にすべて出てくるものである。たとえば、イエスの弟子たちが安息日に麦畑を歩いていて、麦の穂を摘んだことをめぐる論争場面である。それは、マルコ福音書では次のとおりである。

マルコ福音書二章23-28節

23ある安息日に、イエスが麦畑を通って行かれると、弟子たちは歩きながら麦の穂を摘み始めた。24ファリサイ派の人々がイエスに、「御覧なさい。なぜ、彼らは安息日にしてはならないことをするのか」と言った。25イエスは言われた。「ダビデが自分も供の者たちも、食べ物がなくて空腹だったときに何をしたか、一度でも読んだことがないのか。26アビアタルが大祭司であったとき、ダビデは神の家に入り、祭司のほかにはだれも食べてはならない供えのパンを食べ、一緒にいた者たちにも与えたではないか」(サムエル上二一1-7参照)。27そしてさらに言われた。「安息日は人間のために造られた。人間が安息日のために造られたのではない。28だから、人の子は安息日の主である」。

これと同じ記事がマタイ福音書では一二章1-8節に出てくる。ところが、その結びの6-8節は、マルコの結びの27-28節と非常に違う文言になっている。

マタイ福音書一二章6-8節

6言っておくが、神殿よりも偉大なものがここにある。7もし「わたし（神）が求めるの
は憐れみであって、いけにえではない」（ホセ六6参照）という言葉の意味を知っていれば、
あなたたちは罪もない者たちをとがめたりしなかっただろう。8人の子は安息日の主な
のである。

ルカ福音書では六章1-5節に同じ話が置かれているが、同じ最後の部分は「そしてイエスは彼らに言われた、『人の子は安息日の主である。』」と、大幅に切り詰められてしまっている。

重複のもう一つの仕方は、マタイとルカの福音書に同じ話が出てくるが、マルコには見当たらない場合である。ここでも一つだけ例を挙げよう。

マタイ福音書五章3-6節

3心の貧しい者たちは幸いだ。天の王国は彼らのものである。4悲しむ者たちは幸いだ。
彼らは慰められる。5柔和の者たちは幸いだ。彼らは地を受け継ぐ。6義に飢え渇く者
たちは幸いだ。彼らは満たされる。

ルカ福音書六章20―21節

[20]貧しい者たちは幸いだ。神の国はあなたたちのものである。[21]今飢えている者たちは幸いだ。あなたがたは満たされる。今泣いている者たちは幸いだ。あなたがたは笑うようになる。

さいわい、現在出回っている日本語訳の福音書では、以上紹介したエピソードに限らず、すべての段落ごとに、もし他の福音書との重複がある場合には、その段落の小見出しの下に並行する他の福音書の箇所が括弧で表記されている。もしそれがなければ、その記事はその福音書にしか出てこないという意味である。

以上のような事情であるから、当然ながら四つの福音書が読者に与える「神の子イエス・キリスト」のイメージも一様ではない。「どれが本筋なのか」「なぜ福音書は四つもあるのか」。初読者のこの戸惑いも当然である。

§11　難渋なパウロの手紙

それでも福音書を読了する初読者は決して少なくない。以上に見たような戸惑いを感じながらも、それぞれの福音書のストーリー性に引かれて読み進むのである。福音書に続く使徒言行録も同様である。そこでは、イエスの死後、原始キリスト教会の福音がエルサレムから始まって、サマリヤ、小アジア、ギリシアを経て、ローマにまで伝播してゆく道のりが描かれる。

ところが、それに続くローマの信徒への手紙（表2の6）以降のパウロの手紙になると事情は一転する。この部分を初読者が単純に通読するだけで理解することは端的に不可能である。その第一の理由は、ここには福音書や使徒言行録のような物語性が一切なく、突然、初読者にはきわめて難解な議論が提示されるからである。試しに、ローマの信徒への手紙の冒頭から、いくつかの文章を読んでみよう。

ローマの信徒への手紙一章1–4節

[1]キリスト・イエスの僕であり、召された使徒であり、神の福音のために聖別された者
であるパウロ（がこの手紙を書き送る）。[2]その福音とは、神が自らの預言者たちをとおして
（旧約）聖書の中で前もって約束されたものであり、[3]神の子、すなわち、肉によればダ

ビデの子孫から生まれ、4聖なる霊によれば、死者の中からの復活によって、力をもっ
て神の子と定められた方、わたしたちの主イエス・キリストについてのものです。

ローマの信徒への手紙一章16-17節

16事実、わたしは福音を恥じはしない。なぜならば、それはすべての信じる者たちにと
って、ユダヤ人をはじめとしてギリシア人にとっても、救いをもたらす神の力だからで
ある。17神からの義はその福音において啓示されるのであり、信仰から出て信仰へと至
るのである。「信仰によって義とされた者は生きるであろう」(ハバ二4)と書かれている
とおりである。

御覧のように、内容はかなり抽象度の高い信仰論である。物語的なイメージは一切喚起されない。初読者が、読んでみて楽しくないと感じるのは当然なのである。しかも、パウロが書いたその他の手紙になると、この種の抽象度の高い信仰論が、宛先の教会で生じているきわめて具体的で、時には瑣末な生活問題についてパウロが自分の意見を述べることの行間に現れてくる。

パウロの手紙の多くは、実はそのような生活問題に答えるためにこそ書かれたのである。そのためそこには、異教徒の裁判に訴えてよいかどうか(一コリ六1-11)、娼婦と交わってよいかどうか(同六12-20)、結婚すべきかどうか(同七25-40)、一旦異教の神に献げられた供物を食べてよいかどうか(同八章)、集会の守り方(同一一27-34、一四26-40)、献金(二コリ九章)、意見を異にする福音伝道者たちとの激しい論争(同一一章、フィリ三章)などの問題が、順不同で現れる。その結果、ある学生はこう回答している。

> 各地の信徒へのパウロの手紙は、一章で一回分なのか、全部で一回分なのか、よくわからない。

加えて、手紙の配列の問題がある。ローマの信徒への手紙(表2の6)からフィレモンへの手紙(表2の18)までは、パウロの真筆であるか、あるいはパウロの名前によって書かれているかのいずれかである(§35参照)。そして目次上は、原則として大きさ順で並べられている。その後のヘブライ人への手紙からユダの手紙までは、原則として特定の宛先にではなく、広く不特定のキリスト教徒たちに宛てて書かれている。その順番も差出人の名前ごとに、大きさ順となっている。したがって、目次順に通読しても、物語上はもちろん、それぞれの文書が書かれた時期の面でも、何の連続性もたどれないのである。

3 異質な古代的世界像

聖書が読みづらい第三の理由は、聖書の人々が前提している古代的な世界像とそれに基づく思考法が、近代科学によって解明された世界像とそれに応じる思考法で生きているわれわれ現代人にとって、いかにも異質であることである。

§12 「天地創造」は進化論と矛盾する

そのような違和感が青年たちにおいて頂点に達するのは、創世記の天地創造物語を読むときである。そこに相異なる天地創造物語が二つ並んでいることは、すでに述べたとおりである(§7の(1))。そのうちの最初の方、すなわち創世記一章1節から二章4節(前半)までの方が、話が整理されていて、規模も大きい分、違和感もまた大きい。

そこでは、神は原始の混沌から、ただ言葉のみによって、第一日には光(昼)と闇(夜)、第二日には天とその上の水およびその下の水、第三日にはそれぞれの種をもつ草と木、第四日には天の二つの大きな光る物、すなわち太陽と月、そして星、第五日には水中の生き物と地の上を飛ぶ鳥、それぞれの家畜、獣、地を這うものを創造する。そして、続く第六日に人間を男女同時に創造する。

創世記一章26-28節

26神は言った、「われらの像に、われらの姿に似せて、人を造ろう。そして彼らに海の
魚、空の鳥、家畜、地のすべてのもの、地上を這うものすべてを支配させよう」。27神
は自分の像に人を創造した。神の像にこれを創造した。彼らを男と女とに創造した。
28神は彼らを祝福して言った、「生めよ、増えよ、地に満ちて、これを従わせよ。海の
魚、空の鳥、地を這うすべての生き物を支配せよ」。

ここでは宇宙は天と地の二層から成るものと見られている。新約聖書になると、これに地下の世界(マコ九42-48参照)が加わって、三層の世界像になる。いずれも、コペルニクス以後の近代的世界像には真っ向から矛盾する。

しかし、青年たちが違和感を覚えるのはその点ではなく、むしろ生物の教科書で習う進化論との衝突である。すでに§1で紹介した学生の回答がそのことを示していたが、他にも複数の学生が同じことを書いている。

§13 神が創造した世界になぜ悪があるのか

創世記一章の最後では、神は人間の創造を終えた後、自ら造ったすべてのものを見る。すると「それはきわめてよかった」(創一31)と言っている。ところが、創世記をそのまま先へ読み進めて第六章に来ると、ノアの洪水の話になる。神は方舟に入ろうとするノアに、「あなたは清い動物をすべて七つがいずつ取り、清くない動物をすべて一つがいずつ取りなさい」(七2)と命じるのである。そして、すでにふれたレビ記では、食べてはならない汚れた動物や魚類がこと細かに列挙される(レビ一一章)。注意深い読者なら、すべては「きわめてよかった」天地の中に、なぜ食べてはならない「汚い」ものが存在するのか、不思議に思うはずである。

同じ疑問は、当然、サタンについてはより根本的に当てはまる。ある学生は、次のように述べている。

神が創った世界にサタンがいる理由がわからない。神は全知全能のはずなのに、どうしてサタンがいるのか。いつからいるのか。

サタンは旧約聖書ではヨブ記(紀元前四／三世紀)に初めて登場する(一－二章)。しかし、そこでのサタンはまだ悪の権化ではない。悪の権化としてのサタンの登場は新約聖書を待たねばならない。そこではサタンは「裏切り者ユダ」の心の中に入って、ユダを操る悪魔である(ルカ二二3、ヨハ一三2)。それと同時に、さまざまな病気や障害で人間を束縛する力である。それをイエスの奇跡物語の一つが次のように描いている。

ルカ福音書一三章10－17節

10安息日にイエスはある会堂で教えていた。11そこに十八年間も病弱の霊にとりつかれ
た女がいた。腰が曲がったまま、どうしても真っ直ぐに伸ばすことができなかった。
12イエスはその女を見て呼び寄せ、「婦人よ、あなたの病気は治った」と言って、13その
上に両手を置いた。女はたちどころにまっすぐになり、神を賛美した。

14ところが会堂長は、イエスが安息日に病人を癒したことに腹を立て、群衆に向かって
言った、「働くべき日は六日ある。その間に来て治してもらえ。だが安息日にはまかり
ならぬ」。15しかし、主は彼に答えて言った、「偽善者たちよ、お前たちのだれもが、安
息日であっても牛やろばを飼い葉桶から解いて、水を飲ませに引いて行くではないか。
16この女はアブラハムの娘なのに、十八年もの間サタンに縛られていたのだ。安息日で
あっても、その束縛から解いてやるべきではなかったのか」。17イエスがこう言うと、
反対者たちは皆恥じ入るのだった。群衆はこぞって、イエスが行った数々のすばらしい
業を見て喜んだ。

§14 イエスの奇跡物語＝「なぜそうなるの？」

イエスがさまざまな病気や障害を奇跡的に癒す物語を、前項で紹介したような「悪の起源」についての疑問とリンクさせて読む初読者はまずほとんどいない。むしろ、「なぜそうなるの？」というのが、奇跡物語に対する大抵の初読者の最初の反応である。学生たちにとっても、聖書の読みづらさもここにきわまる。彼らの代表的な回答は、次のとおりである。

・実際にはありえない奇跡物語が並んでいると、どこまでが本当で、どこまでが作り話なのかわからなくなってしまって、聖書全体が胡散臭くなる。
・イエスの奇跡(イエスが手を触れるだけで病人が治ったり、水の上を歩いたり、パン五つと魚二匹しかないのになぜか五千人が満腹した上、パンまで明らかに増えていたり、死んだら三日後に復活したり、など)がさも当たり前のように描かれていて、礼拝をしている先生も何の疑問も持っていないように見えたことに抵抗があった。

二番目の回答が「イエスが手を触れるだけで病人が治ったり」と言うのは、たとえばマルコ福音書八章22-26節(ベトサイダで盲人を癒す)のことであろう。「水の上を歩いたり」はマルコ福音書六章45-52節、「パン五つと魚二匹しかないのになぜか五千人が満腹した上、パンまで明らかに増えていたり」はマルコ福音書六章30-44節、「死んだら三日後に復活したり」は、たとえばマルコ福音書一六章1-8節を指している。

いまここで、その一つ一つを読んでいる余裕はない。しかし、福音書ではどの奇跡物語も、イエスが単なる人間であることを超えた存在、すなわち異能かつ全能の「神の子」であることの証明として物語られている。二番目の回答にあるように、「礼拝をしている先生も何の疑問も持っていないように見えた」ということは、その先生もそのような読み方を踏襲しているということである。つねに神あるいは「神の子」イエス・キリストを主語として話が進んでいく「正典」新約聖書の視点からすれば、それで当然なのである。

ところが、二人の回答者は現代の科学的に開明された自分たちの世界観と知識に照らして、「どうしてそうなるのか」がわからないのである。それがまるごとわかってしまっているかに見える説教者が胡散臭いのである。

ここでは、イエスの奇跡を「理解」するためのどのような第三の道がありうるのか。この問いには§26で戻ってくることにしたい。「悪の起源」の問いもそこでもう一度浮上するはずである。

4　神の行動の不可解

さて最後に、聖書が読みづらい第四の理由であるが、それをひと言で言えば、聖書があまりに「神中心的」に書かれていることである。あまりに「神学的」だと言ってもよい。

新約聖書については、前項の最後で、「つねに神あるいは『神の子』イエス・キリストを主語として話が進んでいく」と述べたとおりである。旧約聖書では、天地創造から始まって、イスラエル民族にかかわるほとんどすべての歴史的な出来事（アブラハムの召命、エジプト脱出、シナイ山でのモーセ律法の授与、荒野の放浪、約束の土地への侵入など）が神の行動と考えられ、したがって神を究極の主語として物語られる。いずれにおいても、世界の中、歴史の中で起きる出来事は、歴史を超越し、その外側にいる主体（神）が世界と歴史の中へ介入してきて起こす行動なのである。

ところが、現代の自然科学と歴史科学では、そのような超越的な存在を持ち出してきて出来事を説明するのは、タブーどころか、笑止千万、児戯にも等しいと見なされる。無意識のうちにこの常識をもって聖書を読みにやってくる初読者は、至るところで神の不可解な行動にぶつかることになる。

§15　暴力的で独善的な神の押しつけではないか

もっとも頻繁に聞かれるのは、旧約聖書の神が暴力的で独善的で、勝手すぎるという声である。とくにヨシュア記からサムエル記（上下）にかけては、イスラエルの神ヤハウェは自ら先頭に立って、戦争に次ぐ戦争をくりかえして、周辺の異民族とその「偶像崇拝」を殲滅し、土地を奪取していく。

たとえば、サムエル記上一五章を例にとろう。預言者サムエルはサウルという人物に、神の名において油を注いでイスラエル最初の王に任命し、隣接する敵であるアマレク族を、一族郎党はもちろん、家畜までも「皆殺し」にするように命令する。サウルは首尾よく勝利を収めるが、羊と牛の一部を神への供え物として殺さずに残しておいた。これを知ったサムエルは逆上し、神の名の下にサウルにこう宣告する。

「ヤハウェ(主)が喜ばれるのは、全焼の供犠や生け贄であろうか。見よ、聞き従うことは生け贄にまさり、耳を傾けることは雄羊の脂肪にまさる。まことに、背くことは占いの罪に等しく、従わないことは偶像礼拝の罪に等しい。あなたはヤハウェの言葉を退けたので、ヤハウェもあなたを王位から退けた」(サム上一五22-23)。

このような旧約聖書の神に喝采を送った人物がいる。それはF・ニーチェ(一八四四―一九〇〇)である。『反キリスト者』の第一六節には、こう言われている。「いまだおのれ自身を信じている民族は、そのうえおのれ自身の神をももっている。(中略)以前には神は、民族を、民族の強さを、民族の魂からすべての攻撃的で権力を渇望するものをあらわしていたが、いまや神はただただ善き神にすぎない」(原佑訳、筑摩学芸文庫)。旧約聖書の戦争に次ぐ戦争の神は「権力への意志」そのものであったが、キリスト教の神は「ただの善き神」に堕していると言う。

しかし、このような見方は例外中の例外である。青年たちはこう述懐している。

・聖書では、偶像崇拝や不信仰についての話が多くて細かすぎるように感じる。自分たちの宗教を押しつけているのではないか。
・旧約でイスラエルの敵の殲滅を命じる神と新約で隣人愛を命じる神は、同じ神とは思えない。

この見方はそのまま、シモーヌ・ヴェイユ(一九〇九―一九四三)のものでもあったから(『神の愛についての雑感』、渡辺義愛訳、白水社、四四頁)、初読者を超えた普遍性をもった疑義なのだと思われる。

§16 「神の国」の譬えがわかりにくい

新約聖書で青年たちがストレートに理解できないと感じる最たるものは、福音書でイエスがくりかえし「神の国」を説明するために語る、譬え話である。「神(天)の国は次のようなものである」という明瞭な導入句で始まるものだけでも、「成長する種」の譬え(マコ四26-29)、「からし種」の譬え(同四30-32)、「ぶどう園の労働者」の譬え(マタ二〇1-16)、「婚宴」または「大宴会」の譬え(マタ二二1-14/ルカ一四15-24)、「十人のおとめ」の譬え(マタ二五1-13)、「タラントン」または「ムナ」の譬え(マタ二五14-30/ルカ一九11-27)などがある。この他にも、前記のような導入句はないものの、明らかに「神の国」を説明するためと思われる譬えがたくさんある。

「神の国」の「神の」は行動の主体を表している。したがって、「神が支配する国」という意味である。この意味での「神の支配」がすぐそこまで近づいていることを宣べ伝えることが、生前のイエスの生涯の使命だった(マコ一15)。そのため、彼が語った「神の国」の譬えでは、神が話の隠れた主人公である場合が少なくない。

マルコ福音書は、とくに四章に一連の譬え話を集めている。その最後に、「イエスは人々の聞く力に応じて、このように多くの譬えで御言葉を語られた」(33節)と述べている。しかし、同じマルコ四章で、イエスは弟子たちに向かって、こうも言っている。「あなたがたには神の国の秘密が打ち明けられているが、外の人々には、すべてが譬えで語られる。

それは『彼らが見るには見るが、認めず、聞くには聞くが、理解しない』ためである」（11-12節）。つまり、イエスの譬え話は、だれにでもその意味がただちに了解できるようなものではなくて、わかる者もいれば、わからない者もいるということである。

事実、青年たちの反応もそのとおりである。

・福音書の譬え話は面白い。聖書の時代と現代で、本質的なところが同じなのはすごいことだと思う。
・福音書の中の「神の国」についての譬え話が難しいと思う。身近なものは別として、神と人間についての譬えになると、一体何が言いたいのかわからない。
・比喩表現が理解を難しくしている。非現実的な内容であるため、イメージが結びにくく、そのために理解が難しくなっていると思う。

ただし、数の上では、難解だと感じる者の方が多い。その理由は、三番目の回答がよく表現している。「非現実的」で「イメージが結びにくい」ところが少なくないのである。その典型の一つが「ぶどう園の労働者」の譬え（マタ二〇1-16）である。ぶどう園の主人（＝

神)が、早朝に雇われて一日働いた者と同じ賃金を、夕方の一時間しか働かなかった者にも支払う話である。主人の気前の良さが読者の常識的価値観と正面衝突する。

それ以上に不可解なのは、ルカ福音書一六章1-8節の「不正な管理人」の譬えであろう。ある金持ちの財産管理を任された男が密かに金を横領した。事が発覚して主人に知られてしまった。管理人はクビになる前に一計を案じた。主人から借金している者たちを呼び出して、それぞれの借用証書を書き直させて金額を減額させた。つまり、恩を売っておいて、後から頼ろうというわけである。ところがこの話は、「主人はこの不正な管理人の抜け目のないやり方をほめた」(8節)という文章で結ばれる。これをどう読めばよいのか、首を傾げない読者はまずいないだろう。

イエスはだれにでも納得のゆく徳目を奨めた方に違いないと思い込んでやってくる読者には、「らしくない」と感じられる話が他にも少なくない。ある時、イエスは空腹だった。通りすがりにイチジクの木が茂っていたので、その実を探したが、一つも見つからなかった。苛立ったイエスは、これからはだれもお前の実を食べることがないように、と呪った。翌日、またその前を通り過ぎる時に弟子たちが見ると、そのイチジクの木は枯れていたという(マコ一一12-14、20-21)。

また別の時、イエスはマリアとマルタという姉妹の家に客となった。マルタはもてなしのために甲斐甲斐しく動き回っているのに、マリアはイエスの足下に座り込んで、その話を聞くだけ。ところが、イエスはマリアを「良い方を選んだ」と言ってほめるのである（ルカ一〇38-42）。

ここで読者が感じる読みづらさは、すでに見たように物語が隙間だらけであるためではなく、聖書の世界像が古代的であるためでもない。そうではなくて、より根源的に私たちの価値観全体にかかわっている。

§17　イエスの「復活」がわからない

初読者に限らず、すでにくりかえし新約聖書を親しんでいる読者にとっても、難題中の難題はイエスの「復活」である。それは新約聖書の至るところでくりかえし語られる。次に挙げるのは、そのほんの一部である。

(1)あなたがたは十字架につけられたナザレのイエスを捜しているが、あの方は起こされて（＝復活させられて）、ここにはおられない。（マコ一六6）

(2)神はこのイエスを復活させたのです。わたしたち(ペトロ他)は皆、そのことの証人です。そしてイエスは神の右に上げられ、父から約束の聖霊を受けて、わたしたちに注いでくださいました。(使二32-33)

(3)神の子、すなわち、肉によればダビデの子孫から生まれ、聖なる霊によれば、死者の中からの復活によって、力をもって神の子と定められた方、わたしたちの主イエス・キリスト。(ロマ一3-4)

(4)もしあなたが口で主イエスを告白し、あなたの心のうちで、神はイエスを死者たちの中から復活させたと信じるなら、あなたは救われるからです。(ロマ一〇9)

傍点の部分がそろって示しているように、イエスの「復活」は何よりも神の行動と考えられている。神がイエスを死者の間から「復活させた」のである。(2)には「神の右に上げられ」とあるから、復活に続くイエスの「昇天」も神が起こした行動なのである。

死んだ人間が復活させられ、さらには天上へ上げられる。現代人にとって、これ以上理解しがたいことはない。多くの読者はまずこれを何とか頭の中に想い描こうとして、神のこの不可解な行動につまずいてしまう。「本当にイエスは復活したのか」「どうやって天に上げられたのか」。

たしかに、たとえばヨハネ福音書の二〇章20節では、復活したイエスが弟子たちに現れて、自分の傷ついた「手とわき腹とをお見せになった」と書かれているから、なんとか頭の中に想い描こうとこだわる読み方にも、まんざら理由がないわけではない。

しかし、このような言い表しの根底にある「弟子たち」の内的経験に迫らなければ、疑問は解けない。しかし、あらかじめお断りしておくが、それは容易ではない。ある学生がこう報告している。

小学校からミッションの学校だったので、聖書の内容に違和感を覚えたことはあまりない。しかし、今現に一番ひっかかっているのは、弟子たちの「復活体験」。「歴史上の人物イエスが実際に生き返って復活したわけではなく、弟子たちがイエスと出会い復活体験したことにより、イエスは復活したとされた」ということがよくわからず、すんなり受け入れることができない。

前掲の(1)から(4)の箇所には、「イエス」の他に、「父(なる神)」「神の子」「主」「キリスト」「聖霊」という単語が出てくる。これらはいずれも、言わばキリスト教の術語(専門用語)であり、いまなお全世界の教会で教派を問わず頻繁に使われているものである。

しかし、そのことに不慣れな読者には、これらの単語が指示するものが何なのか、相互の異同関係がどうなっているのか、よくわからないのである。「神の子」イエスと「人間」イエスの間を、どのように区別して読んでゆけばよいのか。区別するべきだとしたら、「人間」イエスは自分自身のことをどういう存在だと思っていたのか。

これらの術語は、すべて弟子たちの内的な復活体験の後に生まれてきたものである。そこから彼らは独特な思考法に到達する。その思考法の中で、すべての術語が有機的につながっているのである。しかし、この点については、後ほど(§28)あらためて戻ってくることにしよう。

§18 どうして語り手の経験が見えにくいのか

以上、主として初読者が感じるはずの聖書の読みづらさを、四つの側面から整理してきた。当然のことながら、聖書の中には、初読者もストレートに理解できて、面白いと感じる部分も少なくない。イエスの譬え話をそう感じる読者がいることはすでにふれた。青年たちの回答から見るかぎり、旧約聖書の箴言、コヘレト、雅歌についてもそうである。まずは、それぞれ代表的な文言を一つずつ読んでみよう。

怠け者よ、蟻のところへ行って見よ。その道を見て、知恵を得よ。蟻には首領もなく、指揮官もないが、夏の間にパンを備え、刈り入れ時に食料を集める。（箴六6-8）

なんという空しさ。なんという空しさ、すべては空しい。太陽の下、人は労苦するが、すべての労苦も何になろう。一代過ぎればまた一代が起こり、永遠に耐えるのは大地。日は昇り、日は沈み、あえぎ戻り、また昇る。風は南に向かい北へ巡り、めぐり巡って吹き、風はただ巡りつつ、吹き続ける。川はみな海に注ぐが海は満ちることなく、どの川も、繰り返しその道程を流れる。（コヘ一2-7）

若者たちの中にいるわたしの恋しい人は／森の中に立つりんごの木。／わたしはその木陰を慕って座り／甘い実を口に含みました。／その人はわたしを宴の家に伴い／わたしの上に愛の旗を掲げてくれました。（中略）あの人が左の腕をわたしの頭の下に伸べ／右の腕でわたしを抱いてくださればよいのに。／エルサレムのおとめたちよ／野のかもしか、雌鹿にかけて誓ってください／愛がそれを望むまでは／愛を呼びさまさないと。（雅二3-7）

どうして、これらの文章は初読者にもストレートにわかるのか。理由は一目瞭然である。人間だれしもの経験が語られているからである。しかし、このことは聖書では比較的まれである。圧倒的に多くの場合、語られる出来事の主語は、たとえそうと明言はなくても、神なのである。詩歌や手紙ではなくて、物語の部分では、とりわけそうである。それを紡ぎ出した人間たちが直面していた問題や経験は、背後に隠れて見えなくなる。わずかな学生たちもこれを感じ取って、こう表現している。

・聖書は誰が何のために、誰のために書いた書物なのか。

・どのような時間軸で話が進行しているのか？　語り手の視点はどこにあるのか。

5　まとめ——読みあぐねる聖書

最後に、あるキリスト教主義の大学で私の授業を聴講していた社会人（女性）が私のアンケートに答えてくれたことを、その方の許可を得て、紹介させていただく。それは聖書を「読みあぐねて」こられた経験である。

聖書は拾い読みしかしたことがない。思い起こしてみると、幼稚園で初めてキリスト教にふれた。その名も「聖母幼稚園」。海辺の片田舎ではあったが、ヨーロッパ人の園長先生がいて、礼拝堂もあった。時々、結婚式も行われていた。その頃、童話を楽しむ感覚で園長先生の話を聞いていたが、聖書の話であったかどうか、はっきり覚えていない。

中学生の頃、無料で配布された新約聖書の日英対訳版が手元にあった。しかし、あまり興味を覚えることはなかった。少し読んでみたものの、文化の違いを色濃く感じ、意味もわからず、内容も味わうことができなかった。その段階の自分の知識や常識と照らし合わせ、あまりに判読不可能と感じて、拒絶してしまった感がある。

その後の成長過程でも、時折マスメディアでキリスト教関連の話題を聞きかじるたびに、いつも疑問に思ったことがある。なぜ、人は宗教を理由に争うのか。特定のキリスト教徒が進化論(ダーウィン)を否定するのはなぜなのか。イエス・キリストが実在した人物だったのであれば、死後、生き返ったということを初めとする奇跡物語をどう解釈すればよいのか。

しかし、「隣人を愛せ」など、聖書の教えの数々は素直に受け入れていた。私自身の結婚式も教会で行った。ただし、弔意を表す儀式は、今でも仏教式の方がしっくりくる。

このように、とくに信仰があるわけでもないのだが、軸足は仏教文化に置きつつ、キリスト教の価値観を認めてきた。しかし、日常生活でそれに矛盾を感じていたため、世界最大のベストセラーといわれる聖書を前に、読みあぐねていたというのが正直なところである。

II

聖書をどう読むか

——私の提案——

第Ⅰ部で報告したような聖書の読みづらさを超えるには、一体どうすればよいのか。この第Ⅱ部では、私自身の経験に照らしながら、いくつかの提案を行ってみたい。

ただし、聖書の読みづらさは大小さまざま実に多岐にわたる。そのすべてに逐一、箇条的に答えることはできない。仮にそうしても、おそらく読者には退屈なことになるであろう。したがって、大きく次の五つの提案に整理してみたい。

提案1　キリスト教という名の電車──降りる勇気と乗る勇気
提案2　目次を無視して、文書ごとに読む
提案3　異質なものを尊重し、その「心」を読む
提案4　当事者の労苦と経験に肉薄する
提案5　即答を求めない。真の経験は遅れてやってくる

このうち、提案1だけ比喩的な表現になっているが、問題は教会の規範の書としての聖書にどのような姿勢でかかわるかということである。

提案1　キリスト教という名の電車――降りる勇気と乗る勇気

§19　伝統的・規範的な読み方を相対化する

第I部で報告したとおり、多くの初読者が聖書を読みづらいと感じる第一の理由は、聖書がキリスト教会の「正典」であるために、その読み方にも一定の伝統と規範が働いていることである。また、「古典」であるがゆえに、世の中に広く出回っている「要約もの」を読んで、わかった気になってしまっていることである。そのような方々に、私がまず最初にお勧めしたいのは、自主独立、そして本気で、聖書そのものを読むことである。

もちろん、本書の読者の中には、キリスト教徒の方も少なからずいるに違いない。その方々についても、基本的に同じことが言える。礼拝で取り上げられる聖書の箇所は毎回限られており、いきおい「要約的再話」にならざるをえない。それを聞くだけで終わっては、自分で聖書そのものを読んだことにはならない。しかも、「礼拝」は抽象的に存在するものではない。ほとんどの場合、特定の教派の伝統と結びついている。とりわけ、聖書の教えを文字どおりに受け取る教派では、聖書の個々の記事を読む際にも、どの単語も聖霊によって書かれたものとして受け取ることをトップダウン（上意下達）で要求する型のものになる。自分は特定の教派の特殊な読み方に「丸投げ」でかまわない、という方には、本書は何も言うことはない。

　他方で、現在キリスト教世界全体にわたって、エキュメニズム運動、すなわち、教派を超えた「教会再一致」を目指す動きが進展している。日本語の『新共同訳』が生まれたのも、国際的に各国語で同じような「新共同訳」が刊行されたことと軌を一にしている。特定の教派に「丸投げ」した読み方では、この努力に反することになるだろう。まして、聖書をいま初めて自主的に読もうとする初読者の前記のような戸惑いに、まともに答えることはできない。

　初読者であれ、すでにキリスト教徒であれ、「自主独立」で聖書を読むためには、まずそのような教派的な読み方を相対化しなければならない。そのための第一歩は、あらゆる教派的な読み方の根底に、一つの思考の規則が共通しているのを知ることである。一般に、思考は文章で表現される。そして文章を正しく書くための規則は「文法」と呼ばれる。これにならって言えば、あらゆる教派的な読み方の根底に、キリスト教信仰の「基本文法」が存在するのである。

それは具体的には「使徒信条」と呼ばれるもので、次のとおりである。後から述べることとの関連で、全体をA、B、Cの三項に分け、B、Cには途中①から⑫までの番号を付しておく。

A：われは天地の造り主、全能の神を信ず。

B：われはその独り子⑴、われらの主イエス・キリストを信ず。主は聖霊によりてやどり、処女マリアより生まれ⑵、⑶、ポンティオ・ピラトのもとに苦しみを受け、十字架につけられ⑷、⑸、死にて葬られ、陰府に下り⑹、三日目に死人のうちよりよみがえり⑺、⑻、天に昇り、全能の父なる神の右に座したまへり⑼。かしこより来りて、生ける者と死ぬる者とを審きたまはん⑿。

C：われは聖霊⑽を信ず、聖なる公同の教会、聖徒の交わり、罪の赦し⑾、身体のよみがえり、永遠の生命⑿を信ず。

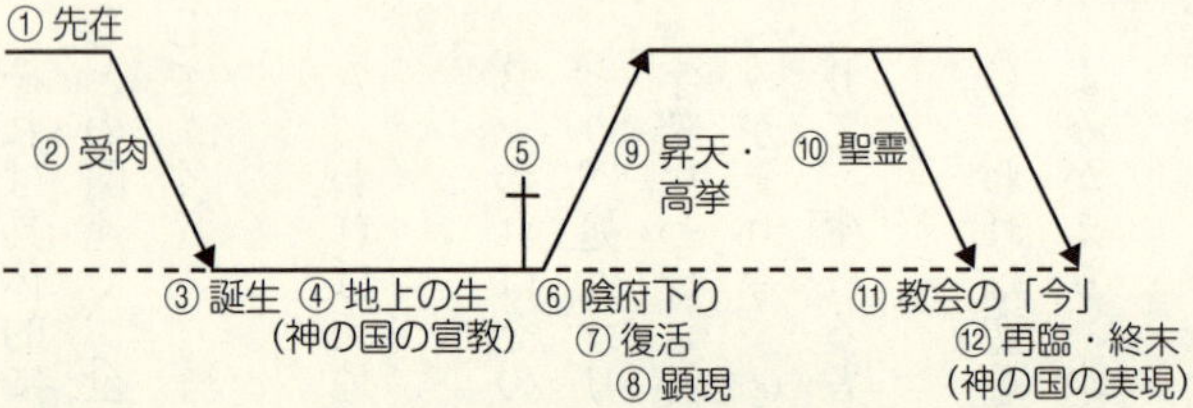

大きく言えば、Aは神について、Cは教会の現在と未来について、Bはイエス・キリストが歩む道のりについて語っている。このうちのBをもう少し細く分節して図表化すれば、上図のようになる。

この「使徒信条」は歴史的には後四世紀ごろ、ローマを中心とする西地中海世界の教会で形をなし始め、その後の六世紀になって広く伝播するに至ったものである。しかし、その核心となったものは、すでに新約聖書そのものの中にも認められる。もっとも長いB項についても、パウロの手紙や福音書など、どの文書も①から⑫までの要素のいくつかを欠くものの（とくに⑥の陰府下り）、基本的にはこの図を思考の「基本文法」にして書かれている。

ただし、それはあくまで「基本文法」であって、その実際の応用においては、文書ごとに違いがある。たとえば、パウロの手紙は⑤、ヨハネ福音書は②、ヨハネの黙示録は⑫に重心を置いている。そこからそれぞれの文書の信仰上の個性が決まってくる。今日も教派ごとに聖書の読み方が違ってくるのも、同じ理由による。たとえば、「目覚めよ、世の終りは近い」式の読み方は、ヨハネの黙示録と同じように、圧倒的に⑫に重心を置いているのである。そう考えれば、教派ごとの読み方にも、根拠がないわけではないのである。

しかし、すでにキリスト教徒である者は、それが言わば「自分なりの根拠」であって、「基本文法」を共有しない部外者には自明のものではないことに、もっと自覚的にならなければならない。ところが、これが難しいのである。いま仮にこの「基本文法」を、あるいはそれに基づくキリスト教信仰を、電車に喩えてみよう。キリスト教徒は「キリスト教という名の電車」の乗客である。乗客同士が電車の中で会話しているかぎりは、「先在の神の独り子」(①)、処女マリアからの誕生(③)、十字架の処刑(⑤)、復活(⑦)、昇天(⑨)、聖霊の派遣(⑩)、再臨と世の終り(⑫)などの「術語」が順不同で入り乱れた話でも、何の不自由もない。お互いが同じ「基本文法」を学習ずみだからである。

ところが、電車の外にいる者にとっては、すべてがまったく未知の外国語でしかない。それを耳にして、入り乱れた「術語」に戸惑い(前出§17参照)、「何と言うか、あまりいい気持ちがしない」(前出§1参照)のは、あまりに当然のことである。しかし、通常、電車の乗客が部外者のこの戸惑いに気づくことは実に少ない。このすれ違いを私はいつも一つの

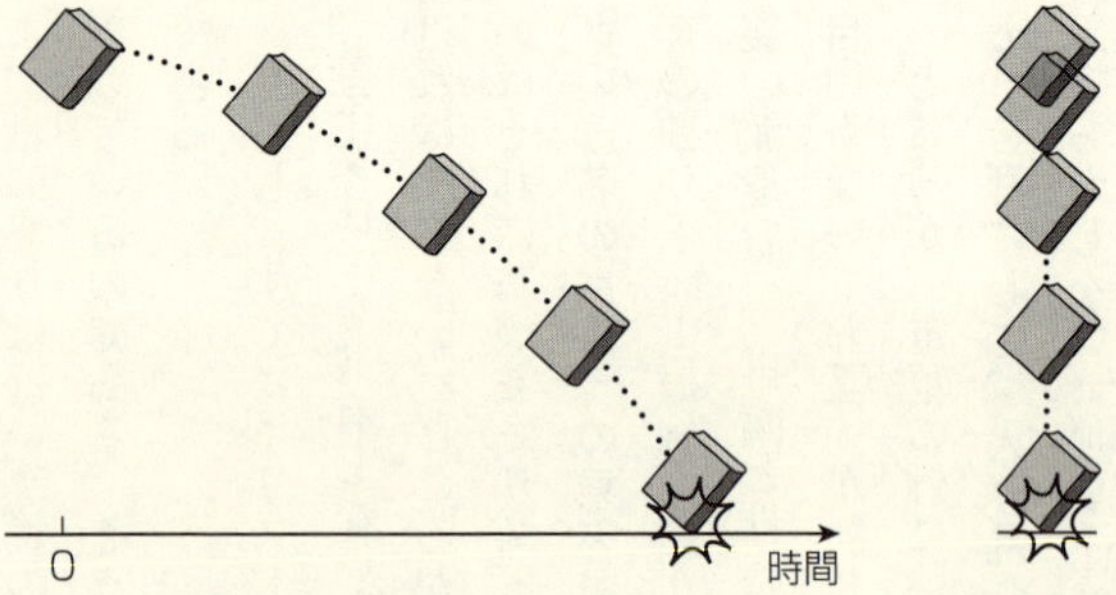

電車の外側から見ると　　電車の中では

比喩で説明してきた。

いま、一人の乗客が睡魔に襲われて、読んでいた本(聖書かも知れない)を手から滑り落としてしまった。しばらく電車が走った後、その人は目が覚めて、本を探す。当然のことながら、自分の足下を見れば、そこに落ちている。すべての物は垂直に落下する。これはニュートン以来の万有引力の法則、などと大げさなことを考えるまでもなく、問題は解決する。

ところが、ここにその出来事の一部始終を電車の外側から見ていた人がいるとする。そんなことは、ありえないなどとケチなことは言わないでいただきたい。電車は全透明で、外から丸見えだという話なのである。その人から見れば、本は決して垂直ではなく、図のような放物線を描いて落下する。これもまたニュートン以来の近代物理学の常識中の常識、だれも否定することはできない。同じ一つの出来事が、電車の中にいる乗客と外にいる者とでは、まったく違って見えるのである。

キリスト教徒はこの事実にもっと自覚的になって、部外者の戸惑いに共感し、彼らにもわかる言語を話すように心がけねばならない。言わば電車を「降りる勇気」が必要である。電車を降りたら、聖書もキリスト教の「基本文法」も外側から歴史的に見れば、「神さまが書いたもの」（前出§2参照）ではなくて、人間が書いたものであることを認めなければならない。

反対に、キリスト教徒でない読者も「聖書は教会のもの」という余分な遠慮、「だから、下手に勝手な読み方はできない」というような自己規制をしない（前出§4参照）ことが重要である。自己規制どころか、わからないのに「わかったふり」をするのはもっとよくない。そのような安価な過剰適応からは、何一つよいものは生まれない。わからないことをわからないと認めることが、わかるようになるための始まりである。

では、聖書が「わかる」とはどういうことなのか。規範的な読み方の中でも、たとえば「聖書は無謬の書」というような立場は、聖書に書かれていることの字面にこだわることが多い。逐語霊感説では当然そうならざるをえない。常識的に読んで相互に矛盾する文章や記事があれば（大部な聖書全体では、そのような場合は無数にある）、それを矛盾ではないと説明できる「論理」を力わざで創り上げねばならなくなる。そしてそれが「聖霊の啓示」だと言われる。

しかし、本当に聖書が「わかる」とはそういうことではない。それぞれの文書を書いている人間たちの経験と思考を理解することが大切である。それはそれぞれの文書の字面に書かれているとは限らない。とりわけ、物語部分ではそうではない。なぜなら、そこで表立って語られるのは、何よりもまず神の行動だからである。それはむしろ、書かれている字面の背後にある。

それに肉薄するためには、すでに見たような(§7参照)、また後ほどさらに見るような(§23参照)、聖書の「隙間」が貴重な手がかりになる。聖書の文書はどれも、歴史のどこかで、労苦して人間によって書かれたものなのである。そのことを見るためには、聖書のように「神さまが書かれたもの」などと言われることがない一般の書物と同じく、普通の態度で読むことが必要である。それを「わかる」ためには、書いている人間の思考法、その「文法」を理解しなければならない。

新約聖書の場合には、書き手は全員「キリスト教という名の電車」の乗客である。彼らの会話を理解するには、キリスト教徒ではない読者もその電車に乗り込んで、乗客たちが語っている未知の外国語を学習しなければならない。何よりも、その外国語の「基本文法」を学習して理解しなければならない。電車に「乗る勇気」が必要なのである。

§20 「不信心」「不信仰」のレッテルを恐れない

「キリスト教という名の電車」に「乗る勇気」。それは特定の教会あるいは教派のキリスト教に実際に入信することなのか。もちろん、そうではない。その乗車とは、想像力と感受性の問題である。この二つを働かせて、聖書の書き手たちの思考法を「わかる」こと、理解することである。もちろん、特定の教派的な信仰へ同意を表明することは自由である。しかし、いま述べた意味の「わかる」(理解)なしでは、そのような同意も決して持続できないだろう。なぜなら、特定の教派の信条を既製品として受け取るだけでは、「自我」よりも深いところにある「自己」に届く聖書の真のメッセージ(八木誠一)は聞き取れないからである。同じことだが、つい最近物故したフランスのプロテスタントの思想家P・リクールの表現を借りれば、「本文(=聖書)の前での世界と自己の新しい了解」は起きようがないからである。

同じように、「キリスト教という名の電車」から「降りる勇気」も、実際にキリスト教徒であることを放棄すること、信仰を捨てることではない。そうではなくて、電車の外部にいる者たちの戸惑いを「わかる」能力のことである。彼らにも通じる言語で自分を言い表そうとする努力のことである。したがって、やはり想像力と感受性のことであり、新約聖書の言葉で言えば、「アガペー」、つまり、自分と異なる者に自分を贈与する愛のことである。

しかも、現に電車に乗っている乗客自身も、かつては電車の外にいたのである。事実、私が知るかぎり、キリスト教会の中でも、個々の信徒がそのような自分がどうして電車の乗客になったのかを語る場面がある。それは「あかし」(証)と呼ばれる。当然ながら、「あかし」はその人の個人史を含むものになる。つまり、教会に通うようになる前、キリスト教徒になる前、ひと言で言えば「信仰以前」についての語り、自分の信仰の「外側からの語り」になる。それを聞く側もそのつもりで聞くのである。

そうであるならば、キリスト教徒は、そもそも「キリスト教という名の電車」がかつて動き始めたときの最初の乗客たち、すなわち、イエスの直弟子たちの「あかし」もぜひ聞いてみなければならない。彼らはイエスが十字架上に処刑されたとき、蜘蛛の子を散らすように離散してしまった。その彼らが再びエルサレムに結集したとき初めて「キリスト教という名の電車」が発車したのである。その間に彼らは何を体験したのか。そのことについては、項をあらためて述べてみたい(§28)。

ところが、彼らはもはやわれわれの目の前にはいない。その「あかし」を直接聞くことはできない。新約聖書の中に残された彼らの発言から、あるいは彼らについての第三者の証言から、抽出する他はない。好き勝手に抽出することは、相手が不在である分、ますますゆるされない。そこに、できるかぎり客観的、歴史的に知ろうとする営み、つまり、研究的な読み方が始まる。私が長年携わってきたのも、そのことに他ならない。これもまた、電車が走り始める前と走り始めた直後を、「外側から見る視点」である。なぜ彼らは電車に乗ることができたのだろうか。

他方では、なぜ同じイエスの言動と最期(十字架)を目の当たりにしながら、電車に乗らず、イエスを一人の「妄想家」として嘲るだけで終った者たちがいたのか。マルコ福音書一五章29-31節には、こうある。「そこを通りかかった人々は、頭を振りながらイエスをののしって言った。『おやおや、神殿を打ち倒し、三日で建てる者、十字架から降りて自分を救ってみろ。(中略)他人は救ったのに、自分は救えない』」。

これもたしかに、キリスト教信仰の「外側からの見方」には違いない。ただし、それは電車に乗ることを拒んだ（あるいは、いまなお拒む）者たちの見方である。つまり、「不信仰」の見方である。

しかし、ご注意いただきたいのだが、私がさきほど言った「外側から見る視点」は、これとは明瞭に異なる。その電車が走り始める前、走り始めた当初、そして、なぜ彼らが電車に乗れたのか、を知ろうとしているのであるから。直弟子たちの信仰への歩みを知りたい、その途上の苦渋に共感しようとしているのであるから。この違いを無視すると、聖書を研究的に読む読み方に対しても、電車に乗ることを拒む「不信仰」あるいは「不信心」と同じレッテルが貼られることになる。私が電車を「降りる勇気」と言うわけは、そのようなレッテルを恐れてはならないということである。

それまでキリスト教信仰という「電車」の外側にいた者が、それに初めて乗るのに、どれほどの勇気を必要とすることか。それは、キリスト教徒が皆よく知っている。その「乗る勇気」と同じように、「降りる勇気」も大切なのである。それは「降りっぱなし」でよいという意味では決してない。自分が信仰という電車に乗っているという事実に、自覚的になるということである。それは信仰を放棄するようでありながら、実はそれを得るためなのである。その時、「自分の命を救いたいと思う者はそれを失うが、（わたしのため、また）

福音のために命を失う者は、それを救うのである」（マコ八35）という逆説が成立する。「身を捨ててこそ、浮かぶ瀬もあれ」。

提案2　目次を無視して、文書ごとに読む

§21　旧約も新約も個々の文書が編集されたもの

第Ⅰ部の2章「聖書そのものの文書配列の不自然」に挙げられた初読者の戸惑いは、すべて至極もっともである。旧新約聖書は初読者が独りで通読してわかるような代物ではない。その文書配列の順番からして、初読者にはきわめて不親切な書物なのである。単純に初めから終りに向かって通読する試みは、やめた方がよい。では、どうして、何のために現在のような目次になっているのか。表3を参照しつつ説明しよう。初めての人には少し難しく感じられるかも知れないが、お許しいただきたい。

（1）旧約聖書の文書配列　現行の新共同訳の旧約聖書三九文書の目次は、すでに表1に掲出したとおりである。A欄はそれとまったく同じものである。次にB欄を見ていただくと、同じ三九文書が違った配列になっている。こちらはユダヤ教の正典であるヘブライ

文書配列対照表

	A 新共同訳	B ヘブライ語聖書	C 七十人訳	D ウルガータ
1	創世記	創世記	創世記	創世記
2	出エジプト記	出エジプト記	出エジプト記	出エジプト記
3	レビ記	レビ記	レビ記	レビ記
4	民数記	民数記	民数記	民数記
5	申命記	申命記	申命記	申命記
6	ヨシュア記	ヨシュア記	ヨシュア記	ヨシュア記
7	士師記	士師記	士師記	士師記
8	ルツ記	サムエル記上	ルツ記	ルツ記
9	サムエル記上	サムエル記下	サムエル記上	サムエル記上
10	サムエル記下	列王記上	サムエル記下	サムエル記下
11	列王記上	列王記下	列王記上	列王記上
12	列王記下	イザヤ書	列王記下	列王記下
13	歴代誌上	エレミヤ書	歴代誌上	歴代誌上
14	歴代誌下	エゼキエル書	歴代誌下	歴代誌下
15	エズラ記	ホセア書	エズラ記	エズラ記(第一エズラ記)
16	ネヘミヤ記	ヨエル書	ネヘミヤ記	ネヘミヤ記(第二エズラ記)
17	エステル記	アモス書	エステル記	エステル記
18	ヨブ記	オバデヤ書	詩編	ヨブ記
19	詩編	ヨナ書	箴言	詩編

文書が含まれている．D欄「ウルガータ」には，そのうち
書」の39文書がユダヤ教の「正典」に選ばれた時に選にも

表3　旧約聖書の

20	箴言	ミカ書	コヘレトの言葉	箴言
21	コヘレトの言葉	ナホム書	雅歌	コヘレトの言葉
22	雅歌	ハバクク書	ヨブ記	雅歌
23	イザヤ書	ゼファニヤ書	ホセア書	イザヤ書
24	エレミヤ書	ハガイ書	アモス書	エレミヤ書
25	哀歌	ゼカリヤ書	ミカ書	哀歌
26	エゼキエル書	マラキ書	ヨエル書	エゼキエル書
27	ダニエル書	詩編	オバデヤ書	ダニエル書
28	ホセア書	ヨブ記	ヨナ書	ホセア書
29	ヨエル書	箴言	ナホム書	ヨエル書
30	アモス書	ルツ記	ハバクク書	アモス書
31	オバデヤ書	雅歌	ゼファニヤ書	オバデヤ書
32	ヨナ書	コヘレトの言葉	ハガイ書	ヨナ書
33	ミカ書	哀歌	ゼカリヤ書	ミカ書
34	ナホム書	エステル記	マラキ書	ナホム書
35	ハバクク書	ダニエル書	イザヤ書	ハバクク書
36	ゼファニヤ書	エズラ記	エレミヤ書	ゼファニヤ書
37	ハガイ書	ネヘミヤ記	哀歌	ハガイ書
38	ゼカリヤ書	歴代誌上	エゼキエル書	ゼカリヤ書
39	マラキ書	歴代誌下	ダニエル書	マラキ書

C欄「七十人訳」には，この表に挙げた39文書以外に15の
の6つが含まれる．それらの文書は，B欄「ヘブライ語聖
れたもので，「外典」(旧約外典)に分類される(後述参照)．

語聖書の配列である。重要なのは、まずこちらの配列の由来を知ることである。

B欄の1から5の「モーセ五書」(別名=トーラー)は、太古以来の民族の伝承が数次にわたる編集をへて成立したものである。その基本部分の編集は、前六世紀にユダヤ人が国滅びて敵国バビロニアに捕囚となっていた時代に行われ、「モーセ五書」が一つのまとまりとして扱われるようになったのはさらに遅く、前五／四世紀のことと推定される。続く6から11のヨシュア記から列王記下までも、同じ捕囚期の比較的早い時期にまとめられたと思われる。12から26の書名にあるのは、すべて前八世紀から五世紀にかけて活動した預言者である。

ペルシア帝国によってバビロン捕囚から解放されてパレスティナに帰還(前五三九年)を果たしたユダヤ教徒の間では、以上の文書が比較的早くから徐々に「正典」としての扱いを受けるようになっていった。それ以外の詩歌を中心とする27から39の文書も、古いものはバビロン捕囚前に、新しいものは捕囚後に書かれた。捕囚後には、それ以外の文書も多数書かれていたと考えられる。

それと並行して前三世紀には、アレクサンドリア在住のユダヤ教徒たちが、以上のようなヘブライ語の聖文書をギリシア語に翻訳しはじめ、前二世紀に完成させた。伝説によると、七二人のユダヤ人の学者がその翻訳に当たったというので、通称「七十人訳聖書」と呼ばれる(後出§33の(5)参照)。言わば、ギリシア語旧約聖書である。

続いて後一世紀の末になると、新たにキリスト教徒たちが登場して、さまざまな文書を生み出していった。それに対抗するために、ユダヤ教の学者たちが確定したのが、前述のユダヤ教の正典へブライ語聖書である。B欄に示した三九文書とその配列は、その時に確定されたのである。当然ながら、その正典の選にもれた文書も数多い。それらは以後「外典」と呼ばれることになった。ちなみに、七十人訳聖書には、そのような文書が合計一五含まれている。

いま、七十人訳聖書からそれらの外典文書を除外して、正典へブライ語聖書に選抜された三九文書だけ残して、その配列を一覧表にしてみると、C欄のようになる。現行の新共同訳の配列(A欄)とはもちろん、ユダヤ教の正典へブライ語聖書(B欄)とも違っていることにご注意いただきたい。

その後、後三六七年の復活節に、アレクサンドリアの司教であったアタナシオスという人物が自分の影響下にあるキリスト教の諸教会に向けて、書簡(研究上、第三九書簡と呼ばれる)を送った。それは一種の勅令であって、いまやキリスト教会の正典の一部である「旧約聖書」の範囲を確定するためのものであった。ユダヤ教の正典ヘブライ語聖書に比べると、アタナシオスは文書数の上ではほぼそれに準じたが(厳密には、エステル記を欠くために、一つ少ない)、文書の配列は七十人訳聖書の方に忠実に従った。

さらにその後、後四世紀から五世紀にかけて、聖ヒエロニュモスという人物が時の教皇の命を受けて、旧新約聖書全体を民衆の日常語であったラテン語に翻訳した。それは「ウルガータ訳」(「一般向けの訳」の意)と呼ばれる。このウルガータ訳の旧約部分は、七十人訳聖書にあった合計一五の「外典」文書のうちの六つを採用していた。しかし、それらを除外して、ユダヤ教の正典ヘブライ語聖書の三九文書に限って、その配列を示すと一覧表のD欄のとおりである。

一六世紀の宗教改革者たちは、プロテスタントの旧約正典を定めるに当たり、文書の範囲はユダヤ教の正典ヘブライ語聖書の三九文書としたが、その配列ではアタナシオスを離れて、ウルガータ訳に従った。そしてこれが現行の新共同訳の旧約聖書の部分の底本となっている。その結果、A欄はD欄と完全に一致するのである。ただし、新共同訳には続編付きの版があり、合計一三の文書を収録している。それらは外典文書ではあるが、伝統的にカトリック教会によって、一定の権威(「第二正典」)を認められてきた文書である。

ちなみに付記すると、岩波書店から刊行されている『旧約聖書』（二〇〇四／五年）は「律法」「歴史書」「預言書」「諸書」の四分冊になっているが、この順番での全三九文書の配列はB欄のヘブライ語聖書に従っている。

（2）新約聖書の文書配列　一方、新約聖書の二七文書（前出表2参照）も、後一世紀の半ばから百年弱の期間にわたって書かれたものである。後二世紀から三世紀にかけては、それ以外の文書もたくさん生み出されたが、正統主義を自認する立場からは「異端」としか見えなかったグノーシス主義（より詳しくは、第Ⅲ部第3章参照）に影響されたものも少なくなかった。前述のアタナシオスの復活節書簡は、実はキリスト教のあるべき「正典」をそのような「異端的」文書から浄化するためのものであった。現行の二七文書をもって「正典新約聖書」とすることもそこで決定され、その選にもれた文書は「新約外典」という扱いになった。

ただし、二七文書の配列までは確定しなかった。宗教改革者のルターはヘブライ人への手紙、ヤコブの手紙、ユダの手紙、ヨハネの黙示録の四書を価値の低い「付録」として扱い、巻末に並べている。宗教改革に対抗してローマ・カトリック教会がトリエントで開いた公会議では、前述のウルガータ訳を新約聖書の部分についても正典と定めた（一五四六年)。その後、プロテスタント教会でもこの決定が受け入れられて、現在に至っている。したがって、現行の新共同訳の目次はウルガータ訳に一致するのである。

以上からおわかりのように、聖書の文書配列は、旧約も新約も歴史的に目まぐるしく変わってきたのである。誰もが文句なく認めるような目次は最初から存在しなかったわけである。現行の新共同訳の配列も、あえて言えば、文学形式別、あるいは分量の大きさ順による。成立順と考えられる部分もあるが、編集者による誤解もあって、必ずしも正確ではない。加えて、旧約聖書(ユダヤ教の正典ヘブライ語聖書、七十人訳、ウルガータ訳)も新約聖書も、礼拝の場で使うことを主たる目的として編まれた。

一般に古代においては、「読む」とは共同の行為であった。誰かが朗読し、他の者はそれを聞くのであるが、聞いた者もそれをもって「自分も読んだ」と言うのである。聖書の場合は、とりわけそうだった。それは巻物であれ、写本であれ、大型で高価だった。現代のように「世界最大のベストセラー」になって、誰もが個人で「自分の聖書」を購入し、机に坐って初めから終りへ通読するとは、夢想もしていないのである。したがって、通読して全体のつながりを捉えようという余分な努力は放棄して、文書ごとに読むべきである。

§22　物語の全体を部分から、部分から全体を読む

文書ごとに読むとは言っても、いくつかの注意が必要である。まず、教会の説教や教室での授業のように、そのつど限られた記事を拾い読みするだけで終るのではなく、文書ごとにその全体のつながりで読むことを心がけるべきである。とりわけ、物語性がある文書については、ぜひそうしなければならない。

その良い例が福音書である。少し具体的に説明しよう。

（1）マルコ福音書の最初には「神の子イエス・キリストの福音の初め」とある。その直後の一章10－11節では、イエスが洗礼者ヨハネから洗礼を受けて川から上がると、「もろもろの天が裂けて」、「あなたはわたし（神）の愛する子、わたしの心に適う者」という声があったと言う。通常、天は「開く」ものであって、「裂ける」ものではない。ところが、同じ「裂ける」が福音書のほぼ最後、一五章38節にも出てくる。イエスが十字架上で大声を発して絶命すると、「（エルサレム）神殿の垂れ幕が上から下まで真っ二つに裂けた」。すると、十字架の下にいたローマの百人隊長が「本当に、この人こそ神の子だった」と言う。福音書の初めと終りに、「裂ける」と「神の子」が密接に組み合わさって出てくるのである。

これは偶然ではない。福音書の著者が意図してそう「作っている」のである。福音書は「作品」なのだ。著者が言いたいことは、こうである。イエスが神の子であることは、初めから抽象的に完成しているのではない。十字架の苦難にきわまったその生涯全体の終りから、「本当に神の子」になるのである。殺されてこそ神の子、これに勝る背理はない。この福音書は読者たちの常識的な「神の子」理解、すなわち、「神の子」に不可能はなく、まして殺されることなどありえないという見方を引き裂こうとしている。「裂ける」がそのことを指している。

（2）マタイ福音書の一章23節では、神から遣わされた天使がヨセフに現れて、こう告げる。「見よ、おとめが身ごもって男の子を産む。その名はインマヌエルと呼ばれる。この名は『神はわれらと共におられる』という意味である」。一挙に福音書の最後の最後、二八章20節を見てみよう。そこでは、死から復活したイエスが弟子たちに現れて、「わたしは世の終りまで、いつもあなたがたと共にいる」と約束する。「作品」の初めと終りが同じ文言で見事に照応させられている。マタイによれば、その間に挟まれたイエス・キリストの生涯は、神が人間といつまでも「共にいる」ことを実現するための生涯だったのである。

（3）ルカ福音書ではイエスの公の活動は四章16節から始まる。その直前の13節では、イエスを誘惑しようとして失敗した「悪魔（サタン）は、時が来るまでイエスを離れた」と言われる。やがて物語は進んで、イエスは弟子たちと最後の晩餐を迎える。その直前の二二章3節には、事前にユダヤ教当局とイエスを「裏切る」段取りを進めるユダについて、「十二人の中の一人でイスカリオテと呼ばれるユダの中に、すでにサタンが入っていた」と書かれている。これもまた福音書の著者による見事な「作り」である。間に挟まれるのはイエスの公の活動全体である。その間中、サタンはどこかに退散していた。彼に活動の余地はなかったのである。しかし、いまや、イエスは殺されようとしている。イエスが地上に無き後は、サタンが活動を再開するだろう、とルカは言いたいのである。

（4）ヨハネ福音書のプロローグの一章12-13節には、「しかし、ことば（＝先在の神の子イエス・キリスト）は、自分を受け入れた人々、その名を信じた人々には神の子となる資格を与えた。この人々は、血によってでもなく、肉の欲によってではなく、人の欲によってでもなく、神によって産まれたのである」とある。ここでも一挙に物語の最後に飛んでみよう。二〇章17節では、死から復活していままさに昇天しようとしているイエスがマグダラのマリアに現れて、こう告げる。「わたしにすがりつくのはよしなさい。わたしはまだ父のもとへ昇っていないのだから。あなたはわたしの兄弟たちのところへ行って、こう言いなさい。『わたしの父であり、あなたがたの父である方、わたしの神であり、あなたがたの神である方のところへ私は昇る』と」。ここでも初めと終りが見事に照応し合っている。そう「作る」ことによって、福音書の著者は何が言いたいのか。その間に挟まれた神の子イエス・キリストの生涯全体は、彼を信じる者たちがイエスの「兄弟」、すなわち「神の子」となるための出来事だったのである。

以上四つの例は、いずれもそれぞれの福音書が読者に伝えたい中心的なメッセージである。どの場合にも、「作品」の初めと終りが互いに照応させられていることが示すように、どのメッセージも文書全体を通読しなければ捉えることができない。

さて、「文書ごとに読む」という場合に、注意が必要な第二の点は、物語性(連続性)は個々の文書で完結せず、複数の文書を横断する場合があることである。そのもっとも良い例は「モーセ五書」から列王記下(表3のB欄では1から11、それ以外の欄では1から12)である。その内容はすでに§7で要約したとおりである。ここでとくに読者の方々の注意を喚起しておきたいのは、そのうちの申命記から列王記下までに、とりわけ「作品」としてのつながりが顕著だということである。

申命記はその名のとおり、モーセが約束の土地(カナン=パレスティナ)をヨルダン川の東側からはるかに望見しながら語る遺言である。そのまだ始まりの部分に属する四章25-29節で、モーセはイスラエルの民全体に次のように語っている。

申命記四章25-29節

25(約束の土地に入った後)あなたが子や孫をもうけ、その土地に慣れて堕落し、さまざまの
形の像を造り、あなたの神ヤハウェが悪と見なすことを行い、その怒りを招くならば、
26わたし(モーセ)は今日、あなたたちに対して天と地を呼び出して証言させる。あなた
たちはヨルダン川を渡って得るその土地から離されて速やかに滅び去り、そこに長く住
むことは決してできない。必ず滅ぼされる。27ヤハウェはあなたたちを諸国の民の間に
散らされ、ヤハウェに追いやられて、国々で生き残る者はわずかに過ぎないであろう。
(中略)29しかし、あなたたちは、そのところからあなたの神ヤハウェを尋ね求めねばな
らない。心を尽くし、魂を尽くして求めるならば、あなたは神に出会うであろう。

とくに、26節の後半から27節へかけてのモーセの予言は、創世記からの一連の物語を注

意深く(かつ忍耐強く!)読んできた読者には、いささか唐突に響くはずである。四十年にも及ぶ荒れ野の旅を経て、いまやっと約束の土地に入ろうとしている時に、こんな予言はないではないか。その土地に入って行っても、すぐまた追い出されると言うのか。同じ唐突感は、モーセの後継者ヨシュアがやはり臨終の遺言で同じ予言をくりかえす場面(ヨシ二三14-16)でも変わらない。

ところが実際には、その予言はすぐには実現しない。そうではなくて、はるか後々の列王記下一七章と二四章で実現する。前者では、前七二二/一年にイスラエル王国の北半分がアッシリア帝国によって滅ぼされたことが、後者では、その時は生き延びた南半分(ユダ王国)が、すでにくりかえし言及したように、バビロニア帝国によって滅ぼされ、主立った者たちがバビロンに捕囚となったことが語られる。

前述のモーセとヨシュアの遺言の中の予言は、この二つの国家滅亡の破局をすでに歴史上の事実として知っており、体験もしている語り手が「作ったもの」なのである。その語り手はモーセとヨシュアの遺言の場面で、すでに列王記下一七章と二四章を意識しているのである。ということは、申命記から列王記下までが全体で一つの物語だということである。歴史上のモーセは前一三〇〇年代後半の人物であるから、その語り手は単純計算でも六百年以上、八百年にも及ぶ時代、新共同訳(普及版)の頁で言えば、実に三五七頁分の初めと終りを照応させているのである。

そうまでしてその語り手は何が言いたいのか。それは、自分たちの民族の上にそのような国家滅亡の破局が襲ったのは、他でもない自分たちが先祖代々、自分たちの神ヤハウェを蔑ろにして、「心を尽くし、魂を尽くして」求めてこなかったからだ、ということである。

旧約聖書の物語のスケールの大きさには圧倒されるばかりである。たしかに出てくる人物名が多くて読みにくく(前出§6参照)、大小さまざまな「隙間」もあって話の筋が通らないところも少なくない(前出§7と次項§23を参照)。読むに読めない戒律集が延々と続くこともある(前出§8参照)。にもかかわらず、全体のつながりは意図的に構成されて、歴然と存在しているのである。部分に埋没しないで、全体を大きなスケールで読解することが必要である。

前出の§15で報告した読者の違和感は、ヨシュア記、士師記あるいはサムエル記という部分に、それもその字面に埋没するところから生じてくる。そこで描かれた戦争に次ぐ戦争、それを先導する神ヤハウェの残虐さの物語は、申命記から列王記下全体を物語った語り手の現代史ではない。彼(彼ら)はそれらの物語をはるか数百年も昔の話、すなわち、民族の古伝承として手に入れ、自分の「作品」の中に編み込んでいるのであって、「暴力的かつ独善的な神ヤハウェ」を単純に肯定しているわけでない。

もちろん、読者がそのことを読み取るのは容易なことではないであろう。列王記下までの物語全体を読み通し、その終りから初めて見えてくるメッセージだからである。それを読解するために読者に要求される忍耐と能動的参加は大変なものである。しかし、聖書は読者を能動化する。聖書を読む楽しみもまたそこにある。

注意が必要な第三の点は、文書ごとにつながりで読むと言っても、そうできない文書もあることである。その典型が旧約聖書の詩編と預言書である。すでに§9で述べたとおり、詩編は大小さまざまな詩篇が合計一五〇集められたものである。冒頭に「ダビデの詩」と記されたものが多いが、実際の作者は不詳である。古くは前六世紀のバビロン捕囚よりも前の時代に、個人あるいは集団によって作られたものが、その後、長い時間の中で順次集められていったのである。第四一、七二、八九、一〇六、一五〇篇のそれぞれ末尾には、ほぼ同じ定型句がくりかえし現れるから、まず少なくとも五つの歌集に編集されていたのかも知れない。それらの歌集が最終的にいまの形に合体されたのである。全体で一つの統一的な思想や詩想があるわけではないから、読者は一つ一つの詩篇を味読すれば十分である。

預言書はそれぞれの書名にある預言者の言葉が、おそらくその死後に弟子たちによって集められたものである。やはり、その順番に厳密な規則や意味があるわけではない。重要なのは、むしろ個々の言葉がどのような歴史的場面で発せられたのかを、推測しながら読むことである。しかし、預言者たちが活動したのは前八世紀から五世紀にわたるから、その推測は初読者には容易なことではない。そのためには、第Ⅲ部第1章の初めで紹介するような専門的な研究の手引きがぜひとも必要である。

§23　ごく普通の常識的判断を大切にする

前項§22の最後で述べたことは、新約聖書ではいくつかのパウロの手紙にも当てはまる。パウロの手紙は後四〇年代の半ばから五〇年代の終りにかけて、地中海世界を股にかけた伝道旅行の途中で書かれた。最後に書かれたローマの信徒への手紙が現行の新共同訳の新約聖書では最初に来ている。その理由はすでに§11で述べたように、原則として大きさ順で並べられているからである。したがって、目次どおり読んでもパウロの伝道旅行の経過に沿うことにはならない。加えて、ローマの信徒への手紙を例外として、それ以外のパウロの真筆の手紙はそれぞれ、もともと複数あった手紙がパウロの死後に一つに編集されて現在の形になっているのである。その際、少なからずの「隙間」が生じた結果、現在のつながりでは通読が困難な場合がある。

そのもっとも良い例はコリント人への手紙二である。その二章4節には、「わたしは多くの涙をもって、多くの患難と心の苦悩の中から、(以前に)あなたがたに手紙を書いた」とある。パウロがこう言うのは、現在、コリント人への手紙二の前に置かれているコリント人への手紙一のことであろう、と考えるのが常識的な読み方であろう。ところがコリント人への手紙一の内容は、とても「多くの涙をもって、多くの患難と心の苦悩の中から」書かれたものとは思われないのである。専門的な研究では、むしろ同じコリント人への手紙二の中の一〇―一三章がそれに当たると見なす説が有力である。

事実、この四つの章でのパウロの言葉遣いは、「多くの涙」にこそ言及しないものの、実に激越である。コリント教会はパウロが手塩にかけて無から育て上げた教会であった。そのコリント教会に、パウロが他の地へ伝道に出かけている間に、自他ともに「大使徒」(二コリ一一5)を名乗る伝道者がやってきた。彼らは自分たちの異能を「自己推薦」し、

「仲間どうしで評価し合い、比較し合ったり」する者たちであった（一〇12）。彼らの物差しで測ると、パウロは、その書いたものはともかく、その外見と話はあまりにも見栄えのしない貧相な男に過ぎなかった。当然ながら、パウロはこのような評価に深く傷つき、猛然と反論する。そもそも自分を誇ることは愚かなことだが、相手がそこまで自己推薦するのであれば、自分も一時愚か者になって、誇らせてもらおう（一一16以下）、と語るパウロは、自分の論調を「気が変になったよう」だとまで言う（一一23）。

コリント人への手紙二は、一〇―一三章以外にも、もともと独立の手紙だったものを複数合成していると考えられる。たとえば、岩波書店から二〇〇四年に刊行された『新約聖書』に収められた翻訳（青野太潮）では、合計五通の手紙（A～E）から事後的に合成されたものと見なされ、本文がその推定上の執筆順に従って組み替えられている。その結果、一〇―一三章は、前記の二章4節の文言を含む部分（手紙C）よりも前に置かれている（手紙B）。

手紙ではなくて、物語になっている文書の中の「隙間」については、すでに§7で旧約聖書の具体例を紹介した。ここでは新約聖書からヨハネ福音書の例を追加しておこう。それは五章と六章のつながりである。

これが不自然であることは、注意深い読者にはすぐ感じ取られるはずである。五章1節では、イエスはある祭りの時期に、エルサレムに上っている。したがって、それに続く五章全体の舞台はエルサレムである。ところが次の六章の冒頭には、イエスがガリラヤ湖の「向こう岸」に渡ったとある。つまり、イエスは突然ガリラヤにいる。その間に、エルサレムからガリラヤへ移動したとはひと言も述べられていない。さらに、六章に続く七章の冒頭には、「ユダヤ人が(イエスを)殺そうとねらっていたので」とあるが、これは明らかに、六章よりも前の五章18節「このために、ユダヤ人たちは、ますますイエスを殺そうとねらうようになった」を受けている。

この不自然さは、現在の五章と六章の順番を入れ替えて読めば解消する。そうすれば五章18節から七章の冒頭の文言へのつながりがきわめて自然になるからである。たしかに、このつながりで読んでも、五章ではイエスはエルサレムにいるから、七章1節には前掲の文言の前の「その後、イエスはガリラヤを巡っておられた」によって、イエスは再びガリラヤに戻ることになる。しかし、この舞台の移動は明言をもって断られている分、五章→六章のつながりで読む場合、その移動が無言のうちに行われるのに比べれば、はるかに自然なのである。そのために、専門家たちは早くから、この入れ替えを提案してきた。専門家たちの提案とはいえ、その発端はきわめて常識的な違和感にあるのである。

同じことは、ヨハネ福音書の最後の晩餐の場面についても言える。一四章31節でイエスは「さあ、立て。ここから出かけよう」と弟子たちを促している。しかし、彼らは一向に立ち上がらない。一八章1節で初めて立ち上がって、ゲッセマネの園へ移動する。途中の一五―一七章は何なのか？ 研究上の定説は、一四章31節→一八章1節が元来のつながりであったが、後から一五―一七章が増補のために割り込んできたという見方である。私もそう考えている。

以上に挙げた不自然さはすべて、文書ごとにその全体のつながりで読む場合にだけ見えてくるものである。こういう不自然さに直面したら、聖書はどの単語も霊感によって書かれたもので、何の誤りもないものだというような説明に安易に迎合せず、自分のごく当たり前の常識に照らした違和感を大切にすること、その違和感にこだわる勇気が必要である。

もちろん、そのような違和感を生むつながりの悪さがどうして生じてきたのか。専門家が提案しているように読めば、すべての不自然さが本当に解消されるのか。この点については、いろいろ議論がありうるし、現に議論が続いている。そこで大切なことは、聖書もまた欠け多き「土の器」（二コリ四7）である人間が書いたものであることに思いを潜めることである。聖書が残しているそのような「隙間」にこそ、実際に聖書の一つ一つの文書を書き下ろし、伝え始めた人々の労苦を見ることができる。その労苦を知ることが彼らへの敬意へ、彼らの労苦を共感することへつながるのである。

§24　文書ごとの個性の違いを尊重する。初めから調停的に読まない

可能なかぎり文書ごとにその全体のつながりで読むのとは逆の読み方、すなわち、そのつどの拾い読み(§3参照)は、聖書の文書を書き下ろした人々の労苦に対して、大変失礼な読み方になってしまう。それぞれの文書が発信している信仰的メッセージには、それぞれの著者の個性が漲っているのに、そのつどの拾い読みでは、この個性が尊重されないからである。

たとえば、小説家なら芥川龍之介と夏目漱石、ドストエフスキーとトルストイ、歴史書なら古事記と日本書紀を区別しない読者はまずいないだろう。ところが、そのことを百も承知の読者家でも、ひとたび聖書、とくに新約聖書二七文書を読む場面になると、一変してしまうことが少なくない。その特別な一体性を初めから前提して読んでしまう、その結果、文書ごとの個性が無視されてしまうことが往々にして起きるのである。

その場合、「聖書(新約聖書)の特別な一体性」と言われるものにも、さまざまなレベルが

ある。たとえば、すでに言及した逐語霊感説によれば、聖書はいかなる矛盾もない「無謬の書」である。しかし、それとは根本的に異なる次元の「一体性」への問いがある。すなわち、新約聖書であれば、二七文書の間に個性の違いがあることをまず認める。その上で、あえてその違いを超えて、あるいは、その違いを貫くかたちで、ある一体性、共通性が存在しているはずではないのか。神について、イエスについて、キリストについて、人間、罪、世界、歴史、救いについて共通するものはないのか、あるとすれば、それは何か。

この第二の意味での「一体性」の問題はきわめて重要である。しかし、この問題が正当に認識され、正しい解答を見出すためには、まず、それぞれの文書の個性が十分に認識され、敬意をもって尊重されなければならない。聖書には、さまざまな個性ある声が鳴り響いているのである。

もう少し具体的に言えば、すでに§19で述べたことのくりかえしになるが、同じ新約聖書の中でも、パウロの手紙は「キリスト教の基本文法」の合計一二の要素のうちの⑤「十字架」に重心を置いている。神は独り子イエス・キリストを、モーセ律法を規準にすれば「呪われた」死としか言いようのない十字架の処刑に棄てられた。そこまでして、神は同じモーセ律法によって業績主義という「呪い」に絡め取られていた人間(パウロ)を受け入れてくれた（ガラ三13）。これが「十字架の神学」と呼ばれるパウロの確信である。ヨハネ福音書では、②「受肉」の出来事に重心がある。神はご自分の永遠の独り子を地上に送って、「肉」、すなわち人間とされた（一14）。それは、創造主である神から離反していた人間たちの「世」を救うためであった（三16）。イエス・キリストはその使命を十字架の上に「完成」（一九30）して、父なる神のもとへと帰っていく。

最後にヨハネの黙示録では、⑫「再臨・終末」に重心がある。十字架の上にただ無惨に屠られることしかできなかった「子羊」イエス・キリストこそ、死後神の右の座に高められて、「王の中の王」として全世界の支配者に任ぜられた。やがて、そのイエス・キリストは再び到来して、いま現に地上で権勢を揮っている「獣」、すなわちローマ皇帝の支配を打ち破り、その像を拝むことを強要されている信徒たちを解放するだろう。そして神は世界全体をもう一度新しく造り直されるだろう。

新約聖書の中には、この三つ以外にも、多くの個性ある「声」が響いている。書き手の数だけ違った「声」があると言ってもよい。しかも、どの「声」も単なる音ではない。それぞれの書き手が読み手とともに、いま現に生きている場で直面しているのっぴきならない問題を乗り越えようとして発している「声」なのだ。新約聖書はこのような「声」が集められた「多声体」なのであり、「多声性」(ポリュフォニー)そのものである。

同じことは、おそらく旧約聖書についても言える。ここでは一つだけ具体例を挙げよう。次の第Ⅲ部で短くふれる予定であるが、歴代誌(上下)の著者は、申命記から列王記までをまとめた歴史家の歴史観(前述§22、§30参照)をあまりに「自虐的」だとして、修正しようとしている(§32の3参照)。自民族の歴史をどう記述するかをめぐっての意見の相克。それは現在の私たちの国だけの問題ではない。それはすでに旧約聖書それ自体の中でも起きているのである。

この「多声性」が十分に認識されて初めて、聖書は現代に生きる私たちへの「呼びかけ」になることができる。そこから鳴り響いてくる「どの声」に、自分はもっとも強く呼びかけられていると感じるか。その声だけに応答してゆけばよいのか。他の声はどうするのか。多くの声が一つのシュンフォニー(交響曲)になりうるのか。まさにそこから、前述の第二の意味での「一体性」への問いが生まれてくる。このような呼びかけと応答へ、読者一人一人の自問自答へと招くこと、それこそ聖書がキリスト教の「正典」として持っている意味と役割なのだと私は思っている。

初めから伝統的・規範的な読み方に従って、すべての文書を調停的に、しかも拾い読みするのでは、そのような「多声性」は聞こえてこない。聖書の「隙間」と「破れ」も見えてこない。それが聞こえず、それが見えなければ、「正典」としての聖書の真の権威も了解されない。それは、聖書それ自体が欠け多く、扱いにくい「土の器」(二コリ四7)として持っている権威だからである。

提案3　異質なものを尊重し、その「心」を読む

§25　聖書の中心＝被造物としての人間

§12では、青年たちが創世記冒頭に置かれた、人間を含む天地万物の創造の物語に感じる違和感を紹介した。その違和感は青年たちや初読者に限らず、すでに聖書にくりかえしふれてきた読者にも共通している(第Ⅰ部5章参照)。日本人に限らず、すべての現代人が聖書を読んで覚える根本的な戸惑いがここにあると言ってよいだろう。そのような違和感と戸惑いを超えるどのような読み方が、なお私たちにありうるだろうか。

まず、創世記一章の二層構造の世界像、そして新約聖書の「天―地―地下」の三層構造の世界像は近代科学とは相容れない。このことは自明の理である。古代の世界像を擁護し

て近代的世界像を否定することは、児戯以前の反近代主義である。しかし、古代人であった聖書の著者たちにとっては、そのような世界像は、彼らがその中へ産み落とされて、無意識のうちに身に付けてきた前提だった。それを近代科学から見てありえないと断定するだけでは、逆にまた児戯以前の近代中心主義となってしまう。

聖書学はまさにこの問題に関連して、「非神話化」(R・ブルトマン)の試みを続けてきた。聖書が古代的な世界像の枠内で、神話的言語で表現していることから、現代人にもわかるはずの核心を解釈によって取り出す努力である。その核心は、現代人自身にとっても、それを「生きる」ことができるもの、新しい生の可能性であるはずである。

その核心とは、ひと言で言えば、人間は神によって造られたもの、被造物だということである。事実、創世記一章の創造物語も、その全体が人間の創造(26-27節)へ向かって語られている。たしかに同時代の宇宙理論を前提しているかも知れない。しかし、語り手の根本的な関心はその理論そのものにはない。「人間は神によって造られたもの」というのは、宗教的メッセージなのである。

しかし、そうは言っても、そのメッセージは今度は進化論と矛盾するではないか、と思われるだろう。とくにアメリカでは、政教分離の原則に立つ公教育の場で、聖書の創造論ではなく、進化論が教えられる。それに対して保守的なキリスト教会は、逆に進化論を教えることをやめて、創世記の創造説を教えるべきだとして、反対運動をくり広げ、裁判沙汰にも及んでいるという。最近では、創世記の創造説を直接擁護する代わりに、その宗教的言語を非宗教的言語に言い換えることが試みられている。すなわち、「神」を偉大なる「知性」と言い換え、神の創造のわざを、その「知性」による「設計」(インテリジェント・デザイン。略称、ID)と言い換えるのである。宇宙も生命もこの知性ある設計者によるものだと言われる。これによって、政教分離原則を回避して、公教育の理科に浸透しようと試みられている。

これに対するキリスト教会と社会の反応はさまざまである。そこには当然、これでは逆に神の存在が脅かされるという懸念も含まれる。逆に進化論を必ずしも敵対視しない立場も少なくない。キリスト教の観点からは、偶然性による突然変異や自然淘汰も含めて、すべてが神の計画のうちにあると見ることが可能だからである(『岩波キリスト教辞典』五八二頁参照)。

私自身は、「人間は神によって造られたもの」という宗教的メッセージの意味を了解するためには、創世記一章よりは、むしろいくつかの詩篇を味読する方がよいと思う。第九

○篇はすでに§9で引いた。ここでは第一二一篇を読んでみよう。

詩編一二一篇

1目をあげて、わたしは山々を仰ぐ。／わたしの助けはどこから来るのか。／2わたし
の助けは来る／天地を造られたヤハウェ（主）のもとから。
3どうか、ヤハウェがあなたを助けて／足がよろめかないようにし／まどろむことなく
見守ってくださるように。（中略）5ヤハウェはあなたを見守る方／あなたを覆う陰、あ
なたの右にいます方。／6昼、太陽はあなたを撃つことがなく／夜、月もあなたを撃つ
ことがない。
7ヤハウェがすべての災いを遠ざけて／あなたを見守り／あなたの魂を見守ってくださ
るように。／8あなたの出で立つのも帰るのも／ヤハウェが見守ってくださるように。
／今も、そしてとこしえに。

こう歌っている詩人にとって、「天地を造られたヤハウェ」とは、自分の「生きる」を支えている根拠である。決して、宇宙万物の成り立ちとその仕組みが問題なのではない。

自分が生かされ、守られているいのちであることが問題なのである。
このことは生前のイエスの場合も同じである。ルカ福音書一二章22-28節(マタイ六25-30)で、イエスは次のように言う。

ルカ福音書一二章22-28節
22いのちのことで何を食べようか、体のことで何を着ようかを思い煩うな。23いのちは
食べ物よりも大切であり、体は着物よりも大切なのだから。24からすをつぶさに見なさ
い。蒔かず、刈らず、納屋もなければ、倉もない。しかし、神は彼らを養っていてくだ
さる。(中略)27草花がどのように育つものか。つぶさに見なさい。紡ぎもせず、織りも
しない。しかし、私はあなたがたに言う。栄華をきわめたソロモンでさえ、その一つほ
どにも装ってはいなかった。28もし、今日は野にあっても明日は炉に投げ込まれる草を
さえ、神はこのように装ってくださるのなら、ましてあなたがたにはなおさらのことで
はないか。信仰の薄い者たちよ。

ここでは、天地の中のすべてのいのちが創造主の神によって無条件で肯定され、育まれ

ている。人間は動植物と同じ「いのち」として仲間である。イエスのまなざしには、詩編一〇四篇に通じるものがある。

詩編一〇四篇10-14節

10ヤハウェは泉を湧き上がらせて川とし／山々の間を流れさせせられた。
11野の獣はその水を飲み／野ろばの渇きも潤される。12水のほとりに空の鳥は住み着き
／草木の中から声をあげる。
13ヤハウェは天上の宮から山々に水を注ぎ／御業の実りをもって地を満たされる。
14家畜のためには牧草を茂らせ／地から糧を引き出そうと働く人間のために／さまざま
な草木を生えさせられる。

さらにイエスはマルコ福音書一三章31節では、「天地は滅びても、わたしの言葉は残る」と語る。「わたしの言葉」はイエスが取り次いでいる神の言葉である。言葉は意志を伝達する。神の意志と人間の応答関係こそがイエスにとっての核心である。それに比べれば、「天地は滅びても」かまわないのである。つまり、物理的自然の組成と存続は「言葉」の

前には副次的なのである。

こうして見ると明らかであるが、「人間は神によって造られたもの」というのは、「いのち」が人間の勝手になるものではない、ということを意味している。人間は自分の頭の髪の毛一本さえ、白くも黒くもできず（マタ五36）、自分の寿命をわずかでも延ばすことができない（ルカ一二25／マタ六27）。自分のいのちさえ自分にとって「他者」である。そうであれば、実際の他の人間を自分の勝手な思惑で扱ってよいはずがない。その人のいのちも神によって生かされているいのちなのである。つまり、「人間は神によって造られたもの」とは、いのちの尊厳、人間性の尊厳のことを言っているわけである。創造主である神は、その超越的な根拠、言わば「絶対他者」である。

このことは、進化論とはまったく別次元で、現代への重要なメッセージであると私は思う。これを進化論と対比して、「精神論」と呼ぶ人がいても、たじろぐ必要はない。逆に、進化論はどこまで厳密科学なのか、という別の問題があり、進化論に影響された近代自然科学および社会科学（社会進化論）の功罪の問題もある。それに対して、この「精神論」は現代科学がもたらした荒廃に対抗する運動、たとえば、人間以外の被造物との連帯と保全のために働くことができる。

創世記の創造物語に対する違和感はよく理解できる。しかし、重要なことは、その周縁と中心を注意深く区別することである。周縁に躓くことは無駄死にである。せっかく躓くのなら、中心に、真の「躓きの石」に躓くべきである。人を躓かせないようなものは真理ではない。次の第Ⅲ部の終り(第3章)で簡単に読書案内をするグノーシス主義は、その中心に躓いた人々である。彼らは人間を超える「絶対他者」なる創造神を拒絶した。彼らが前提していた古代的宇宙像は、もともと基本的に旧約および新約聖書と同じであったにもかかわらず。

§26 サタンと「神の国」

すべてが「きわめてよかった」(創一31)はずの被造世界の中に、サタンに代表される「悪」が存在することも、多くの読者が不思議に思う点の一つである。それに劣らず大きな戸惑いを惹き起こすのが、福音書の奇跡物語である。実はこの二つは、すでに§13と§14で示唆したとおり、密接にリンクしている。

ただし、福音書で語られるイエスの奇跡物語といっても、大きく二つのグループに分けて考えなければならない。一つは、イエスが水の上を歩いたり、嵐を鎮めたりするもので、言わば自然奇跡物語である。もう一つは、さまざまな病気と身心の障害を癒す治癒奇跡物語である。どちらも福音書では、象徴的な意味で、つまり、イエス・キリストが「救い主」「神の子」であることの証拠として語られている。

とりわけ、自然奇跡の話はイエスの死後の原始キリスト教会がわざわざそのために紡ぎ出したものであって、史実性はない。そのことは福音書の著者たちも承知している。その証拠に、彼らはイエスが行った奇跡をくりかえし束ねて報告する時には、自然奇跡には一つも言及せずに、治癒奇跡ばかりを挙げているのである(マコ一32-34、三10、六54-56他)。逆に、治癒奇跡の方は、報告されている事例の多さから見ても、その史実性を否定することが難しい。イエスは何らかの治癒行為を実際に行ったのだと考えなければならない。その治癒行為について語る福音書の物語を、私たちはどう読めばよいのか。

イエスの時代のユダヤ社会では、病気や心身障害に苦しむ者は二重の苦しみの下に置かれていた。一つは、病気や障害そのものの苦しみである。もう一つは、その病気や障害が本人か、場合によっては、両親が、知ってか知らずか、モーセ律法に違反して犯した「罪」に対して神が下した刑罰である、と説明されていたことである(ヨハ九1-2参照)。すなわち、人間が負う苦難や不幸(たとえば、赤ちゃんが障害を負って生まれてくる場合)がどれほど不条理に見えようとも、つまるところ、その原因は人間の側の「罪」にあるのであって、神の責任ではないというのである。このような考え方は、一方的に神の義《ただ》しさを弁護するので、「弁神論」と呼ばれる。

しかし、生前のイエスは弁神論を真っ向から拒絶した。弁神論は不幸が誰の責任なのか、後ろ向きに問う議論である。イエスはそのような後ろ向きの問いには答えないで、ただ前向きに、不幸の解決が近づいていることを約束する。それが「神の国」のことである。

彼によれば、地上ではサタンがその実現を阻むために悪あがきを続けている。心身障害で人々を苦しめているのはその現れである。しかし、イエスが悪霊どもを追い払ってその人々を癒してゆく一挙手一投足と共に、「神の国」が地上で拡大していく。病気と心身障害で苦しんでいる者は、神からの「罰」が当たったのではない。彼らは無条件で「神の国」に招かれている。これがイエスの見方だった。彼はその「神の国」を宣べ伝えるために遍歴の生活に身を挺して生きた。その道すがら、求められるままに、何らかの民間治療的な行為を行ったに違いない。

そのように扱われた病人や障害者にとって、イエスとの出会いは奇跡的な解放の体験だった。本当はどんな癒しが起きたのか、正直なところ、その実態はよくわからない。しかし、それが彼らの体験の核心ではない。核心はイエスとの出会いにおいて彼らが得た解放の体験だったのである。彼らはその体験をやがて自分の周囲の者たちに、言葉によって伝えていった。その伝達の瞬間こそ、治癒奇跡物語が誕生した瞬間だった。そのようにしてもっとも早い段階で紡ぎ出された治癒奇跡物語の一つをここで読んでみよう。

マルコ福音書一章40−44節

40さて、らい病を患っている人がイエスのところに来て、ひざまずいて願い、「御心な
らば、わたしを清くすることがおできになります」と言った。41イエスが深く憐れんで、
手を差し伸べてその人に触れ、「よろしい、清くなれ」と言うと、42たちまち、らい病
は去り、その人は清くなった。43イエスはすぐにその人を立ち去らせようとして、厳し
く注意して、44言った、「誰にも何も話さないように気をつけなさい。ただ、行って祭
司に体を見せ、モーセ（律法）が定めたものを清めのために捧げて、人々に証明しなさい」。

御覧のとおり、癒しそのものについては、42節でたったひと言報告があるだけである。これを奇跡物語と呼んでよいかどうかさえ疑わしい。この話を最初に紡ぎ出した人にとっ

て、イエスとの出会いは新しい自己を発見して、再び社会の中へ帰っていく勇気を与えられた出来事だったのである。福音書の治癒奇跡物語はもともと、イエスがまだ生きていた時、したがってキリスト教がまだ成立していなかった段階で、のっぴきならない苦難を抱えながら何とか生き延びようとしていた名もなき庶民たちの経験を語るものなのである。

それは現代科学を規準にすれば、すべて「嘘の作り話」である。しかし、そう断定して終るだけでは、あまりに稚拙な読み方である。グリムや日本の民話ならば、誰もそのように「嘘か本当か」「どうしてそうなるの?」で読みはしないだろう。なぜ、イエスの奇跡の話になると、ことさら「非現実的」だと言い出すのか。そこには無意識のうちに、聖書は特別だという思い込みが働いているのである。その思い込みから自由になって、自分に「非現実的」と見えることを、もともとの語り手の生活の中に置き直し、その「心」を読まねばならない。イエスの治癒奇跡物語にとって、「悪」は理論問題ではなく、実践的な問題なのである。

§27　「神の国」の譬え

§16では、イエスが「神の国」について語る譬え話を難解と感じる読者が多いことを報告した。その理由を私は、読者の常識的価値観全体が揺さぶられるからだと述べた。この理由の意味が、前項§26で述べたことから、もっと明らかになる。

病気と心身障害で苦しんでいる者は、神からの「罰」が当たったのではなく、無条件で「神の国」に招かれているのであった。このイエスの見方は、当然のことながら、同時代のユダヤ社会の常識、すなわち、モーセ律法を絶対的な規準として人間の「義しさ」を量る業績主義の価値観と真っ向から衝突する。イエスは「神の国」がそのようなものであることを聴衆に伝えるために、一方では彼らにも周知の日常生活の中から素材を取りながら、しかし他方では、その話の中に常識では考えにくい誇張や逆転を組み込んでいく。「不正な管理人」の譬え（ルカ一六1-8）しかり、「ぶどう園の労働者」の譬え（マタ二〇1-16）しかり、「放蕩息子」の譬え（ルカ一五11-32）しかりである。実にイエスは稀代の譬えの名手だったのである。彼の「神の国」の譬えに躓いても、それはイエスの「作戦」にはまったのであって、決して無駄死にではない。なぜなら、その「作戦」は新約聖書の中心の一つだからである。

提案4　当事者の労苦と経験に肉薄する

すでにくりかえし述べてきたように、聖書がとりわけ初読者にとって読みづらい大きな理由の一つは、聖書では終始、神が主語として話が進んでいくこと、つまり「神中心的」であることであった。それに対応して、書き手の人間としての経験が見えにくくなっているのであった(§18参照)。提案4はその経験に何とか肉薄するということである。

§28　原始キリスト教の「基本文法」の成立

§20で私は、イエスの直弟子たちが「キリスト教という名の電車」の最初の乗客となるまでの内的体験に迫ることが必要だと述べた。その内的体験とはどのようなものであったのか。

裁判の間中、深い沈黙を守っていたイエスは、最期に十字架上で、大声で絶叫して息を引き取ったと伝えられている(マコ一五34、37)。十字架上の刑死はイエス自身にとって、意味が不明な謎だったのである。残された直弟子たちにとってもそれは、勝るとも劣らない謎であったに違いない。同時に、イエスの処刑は彼らの身の安全を脅かす凶事であったに違いない。実際の処刑に先立ってペトロは、くりかえしイエスを知らないと否認していた。それどころか、他の直弟子たちはすでにその前のイエスの逮捕の段階で、身の危険を感じて逃げてしまっていたのである(マコ一四50)。

直弟子たちはいずこと知れない逃亡先に蟄居して、旧約聖書を唯一の導きの糸として、予期しなかったイエスの処刑の意味を問い直したに違いない。やがて彼らは、あのように謎、そして凶事と見えたイエスの処刑が、実は神が人間を罪から贖うために初めから計画していたところに従って実行した、救いの出来事だったのだ、と考えるようになった。そこから彼らの視線は十字架の処刑に至るまでのイエスの活動全体に及び、それを同じ神の救済計画の中で見直すことになった。

当然ながら、その救済計画は十字架の処刑で終らず、それを超えてさらに未来にまで及んでいるものと考えられた。すなわち、イエスは神によって死から復活させられ、いま現に生きていて、聖霊を通して自分たちの間に働いている。このことがわかった時に、直弟子たちは再びエルサレムに現れて、小さな群れ(原始エルサレム教会)を構成した。キリスト教の発端にあったものは、直弟子たちの恐れ、挫折と逃亡だった。彼らは必死の問い直しによって、そこから再び立ち上がったのである。

しかし、以上の経過は新約聖書のどこにも、このままのかたちでは記されてはいない。私のような研究者が、わずかな手がかりを頼りに、そう推定するのである。どうしてわずかな手がかりしかないのか。その理由は、当事者の直弟子たちが、自分たちがたどった挫折と立ち直りのプロセスを詳しく報告する必要を認めなかったからである。彼らにとっては、自分たちの認識の道筋を語り直すことではなく、その認識の中身、「わかったこと」を人々に語り伝える方がはるかに重要だったのである。

その「わかったこと」は究極的にはすべて神の行動である。それは神を主語として語られねばならない。彼らにとって、神の存在は自明の理であり、天地と歴史の中で生じる出来事はすべて、神が起こした行動だからである。それが彼らの思考の前提だからである。イエスの言葉を借りて言えば、五羽で二アサリオン（二束三文の意）しかしない雀に起きることさえ、神によって忘れられてはいないのである（ルカ一二6。マタ一〇29も参照）。

こうして、やがて新約聖書の二七文書になると、神は世界を救うために、独り子イエスをこの世に送り、人間の罪を贖うために十字架上で死に渡し、死後は死人の間から復活させて、いまはご自分の右に即位させているという見方が、思考全体の枠組みとなっていった。つまり、提案1でキリスト教の「基本文法」と呼んだ使徒信条(前出§19参照)がほぼ形をなすに至ったのである。それに対応して、当事者の人間たちが歩んだ認識の道のりは背後に隠れて見えなくなった。

おそらく聖書の世界だけに限らず、人間を超越する神の存在が信じられているところでは、一般にこう言えるだろう。すなわち、人間が最後に認識するところは、神の行動としては最初から存在する。神の行動の論理と順番は、人間の認識の論理と順番とは逆になる。

新約聖書はひたすら神の論理と順番で語ろうとする。使徒信条を「基本文法」とするキリスト教という名の電車でも同じである。そこでは「これは神さまの言葉です」「これは神さまが書かれたものです」(前出§2参照)が発話の基本型になる。それは初読者にはきわめて不親切な「外国語」である。ここで必要なのは、すでに述べたように、「降りる勇気」と「乗る勇気」であった。キリスト教徒は自分がキリスト教という名の電車の乗客であることに自覚的になって、電車の外にいる者にもわかる発話を心がける。反対に、電車の外にいる者は、電車に途中乗車して乗客の喋っている「外国語」の「基本文法」を学習することが必要である。

しかし、そのどちらもさらに深く掘って、その「基本文法」そのものの成り立ちのプロセス、それにかかわった当事者たちの労苦と経験に共感する努力と感受性が必要である。そうして初めて、「基本文法」は既製品であることをやめるだろう。

§29 自分の生活だけでなく、書き手の生活の中でも読む

パウロの手紙の場合には、ところどころ当事者としてのパウロの労苦と経験も神を主語とする出来事と同時に語られて、両者が混在することがある。たとえば、パウロの回心は、ガラテヤの信徒への手紙一章15節では、「母の胎内にある時から私を選び分け、恵みによって召し出した方(神)」と語られる。ここでは、神が主語である。ところが、フィリピの信徒への手紙三章7–8節では、同じ出来事が人間パウロ自身を主語として、こう語られる。「しかし私にとって益であったものすべてを、私はキリストのゆえに損失と見なすようになった。そればかりか、私の主イエス・キリストについての知識の卓越したすばらしさのゆえに、すべてのものを損失であるとさえ思っている。そのキリストのゆえに、私はすべてを失った。そして私はそれらを屑と見なしている」。

しかし、福音書、使徒言行録、ヨハネの黙示録のような物語部分では、このようなことは滅多に起きない。それは物語が必要とする虚構性のゆえに、語り手あるいは書き手の労

苦と経験は本文の背後に隠れてしまうからである。著者が認識した（わかった）事柄が前景に出て、その事柄に固有の論理、すなわち、神を主語とする論理で話が展開されていくのである。

それでも例外的に、いくつか当事者の生活経験が透けて見える箇所がある。ここでは紙幅の都合で一つだけ典型的な例を紹介しよう。それは、ルカ福音書六章35節である。まずこの箇所の三通りの翻訳を見てみよう。

口語訳（一九五五年改訳）

しかし、あなたがたは、敵を愛し、人によくしてやり、また何も当てにしないで貸してやれ。

新共同訳（一九八七年）

しかし、あなたがたは敵を愛しなさい。人に善いことをし、何も当てにしないで貸しなさい。

岩波訳（二〇〇四年）

そうではなく、あなたたちの敵を愛せよ、また彼らに良くせよ、また少しも失望することなく、金を貸せ。

傍点部に用いられている動詞は、ギリシア語では ἀπελπίζω/apelpizô である。これはいわゆる二つの単語から合成された動詞である。後半の ἐλπίζω/elpizô だけならば「望む」という動詞、その前に付いている ἀπ-/ap- は「〜から」という意味の前置詞である。前綴りの「〜から」を、たとえば目の前にいる「相手から」の意味にとれば、その人から「対価（お返し）を望む」という意味になる。同じ「〜から」を何かが「何かから切れる」という意味にとれば、「希望から切れる」、つまり「失望する、絶望する」という意味になる。辞書によれば、一応どちらの意味も可能だということになっているが、「失望する、絶望する」の方がいわゆる「第一義」とされている。

ところが、キリスト教の聖書翻訳の歴史の中では、ルター訳以来、相手から「対価（お返し）を望む」という意味が採用され、ルカ福音書六章35節はその否定形で「対価（お返し）を望まずに」と訳されてきた。前掲の三つの翻訳のうち、口語訳と新共同訳がこれに従っている。現在欧米の各国語で流布している翻訳も、大半がこの伝統に準拠している。ウルガータ（§21参照）と岩波訳だけが「失望しないで」と訳している。岩波訳（佐藤研）の訳注には、「神が報いて下さるということに関して、の意であろう」、伝統的な訳は「言語的根拠に乏しいきらいがある」と記されている。

私は基本的に岩波訳を支持するが、その理由はこの注記とは異なる。イエスのこの言葉（ルカ六35）には、同時代あるいは前後する時代のユダヤ社会における金の貸し借りの笑えない実態が反映しているのである。ここでは結論のみ言えば、それは一度金を貸したら、まず返してもらえないという現実である。友人から借金を申し込まれるのは、この意味で、その友人が「敵」になるかも知れない危機的な状況に他ならないのである。その実例を二つ挙げよう。

箴言六章1–5節

（父の諭し）1わが子よ、もし友人の保証人となって、他国の者に手を打って誓い、2あな
たの口の言葉によって罠に陥り、あなたの口の言葉によって罠にかかったなら、3わが
子よ、そのときにはこうして自分を救え。命は友人の手中にあるのだから、行って足を

踏みならし、友人を責め立てよ。4あなたの目に眠りを与えず、まぶたにまどろむこと
を許すな。5狩人の罠を逃れるかもしかのように、鳥のように、自分を救い出せ。

シラ書（旧約続編）二九章4-7節

（貸し付けと返済）4多くの人は、借りた金をもうけ物と見なし、援助してくれた人たちに
迷惑をかける。5金を借りるまでは相手の手に接吻し、その財産について声音を変えて
世辞を言う。返済の時が来ると期限を延ばし、返事をあいまいにして、都合がつかない
と言って弁解する。6貸し主は、返してもらえたとしても、せいぜい半分しか取り戻せ
ない。だが、それだけでももうけ物と考えよ。もしも、そのように考えなければ、貸し
主は財産をだまし取られたことになり、つまらぬことで敵をつくることになる。借り手
は呪いと悪口を返し、感謝どころか、無礼な態度を返してくる。7多くの人が、貸すこ
とを断るのは、悪意ではない。むざむざ奪い取られることがわかっているからだ。

おそらくイエスはこのような現実を知っていたのだと思われる。その上でなお、「絶望しないで貸してやりなさい」と言っているのである。なぜイエスはそこまで言えたのか。

その根拠は、神からの「たくさんの報い」があるということである（ルカ六35の後続部分を参照）。イエスがいわゆる「主の祈り」の中で、「わたしたちの負い目（借金）を帳消しにしてください。わたしたちも自分に借金のある者たちに帳消しにしたように」（マタ六12）と祈るように教えたことと、見事につながるではないか。

「聖書というものは、いのちの書として生活の中で読むべきものです」。これは「キリスト教という名の電車」の乗客の間では、よく聞かれる言葉である。私にもまったく異論がない。ただし、私が強調しておきたいのはただ一点、今日聖書を読む者の側にのっぴきならない生活があるように、聖書の中の語り手と書き手の側にも、まったく同じようにのっぴきならない生活があったのである。それを無視して、自分たちの生活だけを特権的に扱う権利は、私たちにはないのである。自分の生活だけを偏重する道徳主義は傲慢の誇りを免れないだろう。ここでも、聖書の中の語り手、書き手への敬意を忘れてはならない。

その語り手、書き手の側の生活習慣、度量衡、社会制度などは、聖書に書かれていることをただ読むだけでは、わからない。さまざまな史料に当たって調べることが必要になる。もちろん、それは非専門家には容易なことではない。それは専門家の仕事である。ここで必要なことは、お互いにオープンな姿勢である。非専門家は専門家の報告に対してオープンな態度が必要である。反対に、専門家は自分の研究の本来の任務と、そのつどの判断の仮説性を自覚していることが必要なのである。

蛇足ながら付け加えれば、オープンな姿勢は聖書学のみならず、隣接分野の研究や作品に対しても必要である。まず、聖書が古代から現代まで隣接分野の思想史や文学史に及ぼしてきた影響は膨大である。本書でも§15で、F・ニーチェとS・ヴェイユに言及する機会があった。そのように、後代の思想史や文学史に聖書が及ぼした影響から、ひるがえって逆に聖書の読み方へのヒントが得られることが少なくない。また、§25では、R・ブルトマンによって始められた「非神話化」について紹介した。ブルトマンがそのとき非常に多くを学び、個々の概念も借用したのはM・ハイデッガーの実存主義哲学だった。

さらに本書は§22で、拾い読みではなく、文書ごとに全体のつながりで読むことを提案したが、そのためにはW・イーザーの『行為としての読書――美的作用の理論』(轡田収訳、岩波書店、一九八二年)が大変参考になる。これは文学作品を著者がそれに仕組んでいる戦略の側面からと同時に、その作品を初めから終りに向かって読んでいく読者の読み行為の側面からも分析する研究である。読書は言わば未知の路を行く旅である。旅人の読者は読み進むたびごとに視野に入ってくる新しい景色(情報)をそのつど綜合していく。その旅路がどのような旅路であったかは、旅路の終りに達したところで振り返って、すべての景色(情報)を綜合する時に初めて了解される。

福音書ごとにその全体をつながりで読むことも、それと同じである。§22で見たとおり、それぞれの福音書は初めと終りを照応させることによって、読者に向かって中心的メッセージを発信している。そのメッセージはそれぞれの福音書を初めから終りまで全体のつながりで読んで、終りから全体を振り返って綜合する時に初めて了解されるものなのである。途中、「隙間」があればあるほど、読者は忙しく、そして能動的になる。そこに聖書を読むことの楽しさがある。作品(著者)は「呼びかけ」、読者は「応答」する(前出§24参照)。聖書だけ読んでいたのでは、この秘密はわからない。

提案5　即答を求めない。真の経験は遅れてやってくる

すでに§26で述べたとおり、福音書の中のイエスの癒しの奇跡物語は、病者や障害者がイエスとの出会いの体験をやがて自分の周囲の者たちに伝えようとして言葉に直した時、まさにその時に誕生したのであった。もともとの出会いの体験が、言葉によってもう一度

「作り直される」のである。この「作り直し」はイエスとの直接の出会いのその時その場よりは、時間的に「遅れて」起きたはずである。

人間は出来事そのものの渦中にいる時は、いま目の前で起きていること、自分が体験していることの本当の意味を了解し切れないものである。少し時間が経過して、つまり「遅れて」、その体験について物語り始める時、あらためて言葉で「作り直す」時、その時にこそ、それは真の意味の経験になる。真の経験は遅れてやってくる。癒しの奇跡物語もそうであったに違いない。

原始エルサレム教会の信仰の成立も同じだった。その只中では、怖くて逃げる他はなかったイエスの処刑。その真の意味が直弟子たちに了解されたのは、その後しばらくの時間が経ってからのことであった。

かたやキリスト教信仰の成立以前にイエスの周りで生み出された治癒奇跡物語も、かたや原始エルサレム教会におけるキリスト教信仰そのものの成立も、「遅れてやってきた真の経験」であることに、何の変わりもない。

本書の「はじめに——聖書への招待」で述べた私の個人的経験も、遅れてやってきた経験である。それが福音書の治癒奇跡物語と原始エルサレム教会の信仰の成立と違うのは、ただ一つ、二千年近くも昔に「書かれたもの」、つまり新約聖書という「本文」(テキスト)に媒介されて起きていることである。聖書の本文を読もうとしていた自分が、気がついてみたら、逆に聖書によって「読まれていた」のである。まるで「おまえはこうだろう」と見透かされているように。哲学者P・リクールはこの事態を「本文の前での新しい自己了解」と呼んだ(『解釈の革新』、久米博他編訳、白水社、一九七八年、二二四頁)。

本書は青年たちが聖書に感じる「読みづらさ」を解きほぐすことから始まった。通常の入門書ならば、聖書の面白さを紹介することから始めるのがおそらく普通であろう。それとは正反対の本書の始まり方に違和感を覚えた方もいるかも知れない。にもかかわらず本書が逆の始め方をしたのは、読者の方々に聖書という「難物」に自主独立で挑む勇気を鼓舞したかったからである。

もちろん、聖書には「難物」どころか、時空を超えて直接すべての人間の経験に訴えるもの、したがって、誰にでも即座に理解できる言わば「永遠の真理」もたくさん記されている。それには、聖書の名言として世上よく知られているものが多い。たとえば、「人にしてもらいたいと思うことは何でも、あなたがたも人にしなさい」(マタ七12)、「受けるよりは与える方が幸いである」(使二〇35)などである。それはそれとして貴重である。

しかし、あらためて考えてみたいのは、「本文の前での新しい自己了解」を読者に呼び起こす力である。そのような名言の場合、ましてそのつど拾い読みされるだけでは、その力は限られていると言わなければならない。聖書がその力をもっとも発揮するのは、むしろ、読者の常識に照らして違和感を呼び起こすところ、意味不明、異質で読みづらいと感じられるところなのである。そのようなところでこそ聖書は、私たちが平素の日常の中で忘れているもの、気づかずに通り過ぎているものを、私たちの前に差し出しているのである。

言い換えれば、私たちが読みづらいと感じるところ、躓くところにこそ、「新しい自己了解」の可能性が眠っている。誤解を恐れずに言えば、この意味で読者を躓かせるものこそ真理なのであり、逆にこの意味で人を躓かせないようなものは真理ではないのである。

こう考えれば、聖書の読みづらさこそ、聖書の豊かさの証である。その読みづらさの一因は、聖書が至るところで「隙間」や「破れ」を残していることであった。しかし、そのことは、その著者たちも、パウロの言葉を借りれば、欠け多き「土の器」(二コリ四7)の人間なのであるから、当然のことである。もっと言えば、聖書そのものが欠け多く、扱いにくい「土の器」なのである。その「隙間」と「破れ」は、当事者たちが人間として払わなければならなかった労苦の証である。だからこそそれは、同じ「土の器」である読者一人一人を彼らとの共感へ、さらには「本文の前での新しい自己了解」へ招く力を持つのである。くりかえしになるが、これこそ聖書がキリスト教の「正典」として持っている意味と役割なのだと私は思っている。

聖書の前での「新しい自己了解」を求めて焦る必要はない。真の経験はつねに遅れてやってくるからである。そのためには、時が満ちなければならない。人それぞれの人生において、それがいつであるかはわからない。それを開かれた態度で待つ用意が大切である。なぜなら、遅れてやってくる真の経験は、誰の人生、誰のいのちにも備えられている普遍的な可能性だからである。というよりも、私たちのいのちとは、そもそもそういう構造になっているからである。最後にそのことを述べて、本第Ⅱ部の結びとしたい。

新約聖書で「いのち」を表すギリシア語には二つある。一つは「プシュケー ψυχή」である。たとえばマタイ福音書六章25節で、「自分の命（プシュケー）のことで何を食べようか何を飲もうかと、また自分の体のことで何を着ようかと思いなやむな。命（プシュケー）は食べ物よりも大切であり、体は衣服よりも大切ではないか」と言われる時の「命」がそれに当たる。それはこのイエスの有名な言葉からただちに読み取られるように、人間がいま現に衣食住によって生きている命を指している。

もう一つのギリシア語は「ゾーエー ζωή」である。マタイ福音書七章13-14節で、「狭い門から入りなさい。滅びに通じる門は広く、その道も広々として、そこから入る者が多い。しかし、命(ゾーエー)に通じる門はなんと狭く、その道も細いことか。それを見いだす者は少ない」と言われる時の「命」がそれに当たる。それは人間がまだこれからその中へ入ってゆくべき命である。現下の衣食住の命ではなく、目標としての、そして神によって備えられているものとしての超越的な命のことである。この意味での「ゾーエー」は、新約聖書の中に他にもくりかえし現れるが、もっとも典型的なのは、「永遠の命」という定型句である。

しかし、重要なことは、二つの命、「プシュケー」と「ゾーエー」が、そのように互いに区別されていながら、実は同じ一つの「いのち」だということである。このことをヨハネ福音書は有名な「一粒の麦も死ななければ」の言葉に続けて、「自分の命(プシュケー)を愛する者は、それを失うが、この世で自分の命(プシュケー)を憎む人は、それを保って永遠の命(ゾーエー)に至る」(一二25)と言い表している。

「自分の命を憎む」という表現はいささか読解がむつかしい。しかし、先行する「自分の命を愛する」が現下の命だけにこだわる生き方を指しているから、「自分の命を憎む」には、それを超越することが含まれている。「永遠の命（ゾーエー）」とは現下の「自分の命（プシュケー）」を超越的な視点から受け取り直したものに他ならない。「永遠の命（ゾーエー）」は現下の衣食住の「命（プシュケー）」と別のものではない。それは現下の命を自明視して、それだけにこだわることをやめて、神から贈与された超越的な命として受け取り直したものである。

すでにいま現にある命（プシュケー）を真の命（ゾーエー）として経験することは、遅れてやってくるのである。遅れてやってくるものは、すでに前もってそこになければならない。聖書の前での「新しい自己了解」とはこのような事態を指しているのだと私は思う。

III

聖書の読書案内

聖書の翻訳と章節表記について

聖書は古代から現代まで実にさまざまな言語に翻訳されてきた。「世界最大のベストセラー」としての物語は、すでに前三世紀に旧約聖書の「七十人訳」、すなわちギリシア語訳とともに始まったと言ってよいであろう。その後、後四～五世紀には、聖ヒエロニユモスによって新約聖書も含むラテン語のウルガータ訳が完成した。中世を通じてこれがカトリック教会の正典であり続けた後、一六世紀の宗教改革の中で、マルティン・ルターによって民衆にも理解できる同時代のドイツ語に翻訳された。スイスでもツウィングリのドイツ語訳(チューリッヒ聖書)が刊行された。それらの普及に、グーテンベルクによる印刷術の発明が与って力があったことはよく知られている。

本書冒頭の凡例でもふれたとおり、聖書文書の特定の箇所を表記するには、章番号と節番号を組み合わせて行うことが慣例となっている。この方法が開発されたのも、宗教改革とルネッサンスの時代の印刷技術の発展と関係している。たしかに、すでにそれ以前の八世紀ごろから、まず旧約聖書(正確にはヘブライ語聖書)について、ユダヤ教とキリスト教の学者たちによって、さまざまな表記法が試みられていた。しかし、一五四〇年にパリの聖書学者であるとともに印刷業者でもあったロベール・エティエンヌ(ラテン名：R・ステファヌス)によって初めて、現在のような方法が確定された。それ以後、ヘブライ語本文を初めとして、七十人訳を含む古代語訳と近代語訳のほとんどがそれに準じている。

新約聖書の場合は、四世紀ごろから、さまざまなかたちで段落ごとに内容を要約した見出しと行区分が試みられていたが、一五五一年に同じロベール・エティエンヌがギリシア語本文にラテン語訳を並べて印刷した版によって、旧約聖書と同じ表記法が確定されることになった。章節番号は最初、欄外に書かれていたが、やがて本文中に表記されるようになって、現在に至っているのである。

宗教改革とルネッサンス以後、英語、フランス語をはじめとする他の近代語への聖書翻訳の歴史はあまりに広範かつ複雑で、ここで限られた紙幅で概観することはとてもできない。いずれにせよ、現在全世界に存在する言語で、聖書がその言語に翻訳されていないものは、おそらく数えるほどしかないであろう。

日本語への翻訳は、織豊政権下に来日したフランシスコ・ザビエル(一五四九年)、あるいは一八三七年のギュツラフ訳(プロテスタント)など、外来の宣教師がもたらしたもの、あるいはその後の特定の教派によるものを別として、プロテスタントの日本聖書協会が初めて文語体の邦訳旧新約聖書を刊行した一八八七年のことである。

第二次世界大戦の敗戦後、日本聖書協会は口語訳への改訳を開始し、一九五四年に口語訳新約聖書、翌一九五五年に口語訳旧約聖書を刊行した。その後、一九七〇年代から、国際的な規模で、プロテスタント教会とカトリック教会の間の共同事業として各国語の聖書翻訳が進められた。日本でも、その動きに呼応して、『聖書　新共同訳』が一九八七年に刊行された。

その前後に刊行された邦訳は、個人訳や教派訳まで加えればかなりの数に上るが、学術的には岩波書店から二〇〇四／五年に刊行された『旧約聖書』(旧約聖書翻訳委員会訳)と『新約聖書』(新約聖書翻訳委員会訳)が重要である。

新共同訳聖書は読みやすい日本語で朗読に適している。岩波版は必ずしも朗読には適さないが、最新の研究を踏まえた訳注が付されており、自主的な聖書研究に最適である。

以下の読書案内について

本書の第Ⅰ部と第Ⅱ部では、聖書の個々の文書について言及する際に、必要に応じて、その一部を引用して、そこに「何が」書かれているか、また、その成立の経緯についても簡単に説明した。しかし、そのようにすることができた文書は限られている。旧約聖書および新約聖書それぞれの「外典」まで考え合わせれば、きわめて多くの文書が未紹介のままである。

本第Ⅲ部では、この欠を補いたい。ただし、紙幅の都合から、それぞれの文書あるいは複数の文書から成る作品において「何が」書かれているか、つまり内容の紹介を中心とせざるをえない。逆に「誰が、いつ、どこで、何のために、どのように」という問題については、必要最小限にとどめなければならない。この意味で、本第Ⅲ部は聖書へのごく初歩的な読書案内である。

それぞれの文書あるいは文書群についての専門的な研究（歴史的・批判的研究）に基づいて前記の問題に答えることは「旧約聖書入門」、あるいは「新約聖書入門」の課題である。外国の研究者によるものの翻訳まで含めると、それぞれ無数の入門書が手に入るが、ここでは日本人研究者によるものの中から次の二つを挙げておく。

『新版　総説旧約聖書』池田裕他編、日本キリスト教団出版局、二〇〇七年
『新版　総説新約聖書』大貫隆・山内眞編、日本キリスト教団出版局、二〇〇三年

1　旧約聖書

旧約聖書全体の構成についてはすでに表3で、現行の新共同訳（A）、ヘブライ語聖書（B）、七十人訳・ギリシア語聖書（C）、ウルガータ・ラテン語訳聖書（D）の配列順を一覧表にして掲出した。以下の読書案内は、このうちのヘブライ語聖書（B）に準じて行うことにする。

現在手に入る邦訳の中では、前述の岩波版の『旧約聖書』だけがヘブライ語聖書の配列順に準じており、全体を「律法」「歴史書」「預言書」「諸書」の四分冊に分けている。その内訳は、表4のとおりである。本書も以下、この岩波版の配列に沿うわけである。どの分冊もそれぞれの見開き頁の左側に、その部分に出てくる難解な事項に対して訳注が付けられている。その訳注は専門的な研究を踏まえた上で簡潔にして要を得ており、初読者にはきわめて便利である。

その他には、『新共同訳旧約聖書略解』（木田献一監修、日本キリスト教団出版局、二〇〇一年）が推薦される。こちらは聖書本文とは別冊で、事項レベルを超える注解書である。旧約聖

表4　旧約聖書の4分冊．旧約聖書翻訳委員会による．文書配列はヘブライ語聖書と同じ

創世記
出エジプト記
レビ記
民数記
申命記

――律法――

ヨシュア記
士師記
サムエル記上
サムエル記下
列王記上
列王記下

――歴史書――

イザヤ書
エレミヤ書
エゼキエル書
ホセア書
ヨエル書
アモス書
オバデヤ書
ヨナ書
ミカ書
ナホム書
ハバクク書
ゼファニヤ書
ハガイ書
ゼカリヤ書
マラキ書

――十二小預言者――（ホセア書〜マラキ書）

――預言書――

詩編
ヨブ記
箴言
ルツ記
雅歌
コヘレトの言葉
哀歌
エステル記
ダニエル書
エズラ記
ネヘミヤ記
歴代誌上
歴代誌下

――諸書――

書に関係する世界史、その中でのイスラエル・ユダヤ民族の歴史の大きな流れを知るには、山我哲雄『聖書時代史 旧約篇』(岩波現代文庫、二〇〇三年)が便利である。

§30 「モーセ五書」と歴史書

創世記から列王記下までがマクロに見ると一連の物語になっていることは、すでに§7の初めで述べた。天地創造に始まって、ノアの洪水、アブラハムを筆頭とする族長たち、その子孫たちのエジプト下り、モーセに率いられたイスラエルの民のエジプト脱出、四十年にわたる荒れ野の旅路と続いてきた物語は、モーセの後継者ヨシュアが先導してイスラエルの民が約束の土地カナン(パレスティナ)に入るところで最初の大きな一段落を迎える。

この部分を正しく読解するためには、初読者はまず、これがあくまで「作られた物語」であって、実際の歴史とは大きくずれていることを知らなければならない。この事情は古事記と日本書紀の神話で始まる日本の古代史の場合と同じである。

実際の歴史の上では、古代イスラエル民族の大祖先の族長たちが遊牧生活を送っていたのは、一説によれば、前一五〇〇年頃と推定される(1)。その後、前一二〇〇年頃に部族ごとにパレスティナに土地を得て居住し始め(2)、やがて部族の連合体を形成した。そのリーダーは「士師《しし》」と呼ばれた(3)。前一〇〇三年にダビデが初めて統一王国を樹立するが、その子ソロモンの死(前九二六年)の後、王国は南北に分裂する(4)。それぞれで王家が存続あるいは交替した後、北王国は前七二二／一年にアッシリア帝国によって(5)、南王国は前五八七／六年にバビロニア帝国によって滅亡する。南王国の要人たちは捕らえられてバビロンに移された。これをバビロン捕囚(6)と言う。旧約聖書を読み解くには、このバビロン捕囚を銘記しておくことが決定的に重要である。

さて、現在われわれが読むことができるヨシュア記から列王記下は、そのつど物語的な誇張があることを別とすれば、出来事の順番の上では、(2)以降の実際の歴史の経過に対応している。しかし、創世記から始まって、さきほどの一段落のところまでのストーリーは、実際の歴史の側に対応するものがない。それが「作られた物語」と呼ばれる理由である。それをほぼ現在の形に「作った」のは、バビロンに捕囚されていた祭司たちであった。

ただし、彼らはすべてを無から創造したわけではなく、前記の(1)の時代からの民族の古伝承(族長伝説、出エジプト伝承)ばかりか、(2)を経て(3)の時代に至るまでに生み出されていたさまざまな伝承(土地取得伝承、士師伝承、戒律集など)を利用することができた。もちろん、捕囚先で彼ら自身がまとめたものもあった(創世記一章、レビ記他)。祭司たちはそれらすべての材料をいまや前述のストーリー・ラインにつなぎ合わせたのである。なぜまだ荒れ野の旅路の途中のイスラエルに、すでに定着生活を前提にした戒律集が与えられるのか、という読みづらさについては前述した(§8参照)。それに対する答えがここにある。

他方、申命記から列王記下まで(新共同訳のルツ記は除外)の語り手は、すでに§22で述べたとおり、モーセとヨシュアの遺言(申四25-29、ヨシ二三14-16)の中ですでに、列王記下一七章(北王国の滅亡)と二四章(南王国の滅亡、バビロン捕囚)を見通しているのであった。専門的な研究によれば、この部分はバビロン捕囚後の比較的早い段階で、ある歴史家たちによってまとめられたものである。彼らは前記の実際の歴史の(4)以降の王宮の歴史については、いくつかの文書資料を参照することができたのだと思われる(とくに列王記!)。

それ以前の(2)と(3)については、独自に蒐集した古伝承を用いて、いまや一大歴史書を著わした。その目的は、バビロン捕囚という民族の破局を神ヤハウェの無力に帰さず、むしろその戒めを「心を尽くし、魂を尽くして」守ってこなかった自分たちの民族自身の罪に帰すことであった。

われわれが現在読むことができる、創世記から列王記下までの合計九つの文書の一連の物語は、以上に述べた二つの作品——すなわち一つは捕囚先の祭司たちによるもの、もう一つはおそらくそれより先に歴史家たちによってまとめられた歴史叙述――が、一つに合体されたものである。その合体が具体的にはどのようなプロセスで行われたのか。申命記は歴史家たちの作品の冒頭にあったのか、それとも祭司たちの作品の結びだったのか。これらの問題は、専門研究においてもいまなお決着を見ていない。

いずれにしてもその後は、創世記から申命記まで、すなわち、モーセが遺言でイスラエルに律法をもう一度想起させる場面までが、集中的に律法を含むところから、一括りにされて「トーラー」(律法)あるいは「モーセ五書」と呼ばれることになった。この慣例はおそらく前五/四世紀に始まったものと思われる。

§31 預言書

イザヤ書以下、合計一五の預言書は、原則として、それぞれの預言者が活動中に語った言葉が、その死後に弟子たちによって集められて、それぞれ現在のかたちに編集されたものである。このことはすでに§22の末尾で述べた。その配列順は、§21の表3に掲出されているうちのどれであれ、通読しても意味があるものではない。このこともすでに§9でふれたとおりである。したがって、ここでは試みに、すべての預言者を活動年代順に再配列してみよう。多くの預言書では、その前書きに当該の預言者が活動した時代の王の名前と治世年が表示されているので、それが年代決定の貴重な手がかりになる。それがないものについては、内容を時代史と突き合わせて、綜合的に判断するわけである。

ただし、いくつか注意しなければならないことがある。第一に、現在全体で六六章から成るイザヤ書は、もともと三つのそれぞれ独立の預言書が後から一つに合体されたものである。これは研究上の定説であり、一—三九章を「第一イザヤ」、四〇—五五章を「第二イザヤ」、五六—六六章を「第三イザヤ」と呼ぶことになっている。

次にヨナ書であるが、この書名はたしかに、前八世紀に活動した預言者ヨナ(王下一四25)にちなんでいる。しかし内容は、よく知られているように、主人公が大魚に飲まれたものの、三日後に再び吐き出されるというような「物語」であって、預言書ではない。

最後に、オバデヤ書は預言書であるが、オバデヤが活動した歴史的な文脈がほとんどわからない。したがって以下では、イザヤ書を三つに分け、ヨナ書とオバデヤ書を省いた上で、それぞれの預言者の活動を時代順に可能なかぎり簡潔に紹介する。まず、前述のバビロン捕囚前の預言者から始めよう。

アモスは、北王国のヤロブアム二世の治世下(前七八七—七四七年)に活動した。繁栄期にあった王国の支配階級は驕って貧しい人々を搾取していた。アモスはそれを激しく糾弾し、王国の滅亡を予言したため、反逆罪に問われて追放された。

ホセアは、その北王国が滅亡(前七二二/一年)する直前に、アモスとほぼ同じ社会情勢の中で活動した。堕落した王国の現状を「姦淫」「淫行」をくりかえす既婚女性に喩えて、王国の滅亡を予言した。

第一イザヤは、前七三六年以降、四十年弱にわたって、南のユダ王国で王宮の職業預言者として活動した。前七二二/一年に北王国を滅亡させたアッシリア帝国の脅威が南王国にも迫って、政情不安で王権が右往左往する中で、イザヤは神の介入による救いに希望を託す(王下一九―二〇章も参照)。

ミカは、前八世紀の最後の四半世紀に、南のユダ王国でヒゼキヤの治世下に活動した。前七二二/一年の北王国の滅亡を知っている。同時代人のイザヤと思想的には異なるが、王国の堕落を告発する点は同じである。

ゼファニヤは、前七世紀の後半、アッシリア帝国の最末期、ヨシヤ王(治世=前六三九―六〇九)の時代の南王国で活動した。南王国が北王国の滅亡がもたらした衝撃と荒廃から再起することを求めて、さばきと再建を告知した。

ナホムは、かつて北王国に滅亡をもたらしたアッシリア帝国に対して禍を予言し、いまや首都ニネベが陥落（前六一二年）したことを嘲笑して歌う。

エレミヤは、前七世紀後半からバビロン捕囚期にかけて、南王国で活動した。ヨシヤ王の宗教改革による王国の救済に希望を託したが、神との関係のより根源的な変革が必要だとして、「新しい契約」を説いた。バビロン捕囚を予告し、それが実現した後は祖国への帰還と復興の希望を掲げた。

ハバククも、エレミヤと同じ七世紀末に活動した。アッシリア帝国（カルデア人）が没落し、バビロニア帝国が登場してくる中で、ユダの独立を予言した。

その新興のバビロニア帝国もやがて前五三九年にペルシア帝国のキュロス王によって滅亡する。キュロスは前五八七年以来、バビロンに捕囚されていたユダヤ教徒にパレスティナに戻ることを許可する。こうしてバビロン捕囚が終った。帰還を果したユダヤ人たちは、ペルシア帝国権力との折衝をくりかえしながら、エズラ、ネヘミヤなどの指導下に、エルサレム神殿（ソロモンが建てた神殿と区別して「第二神殿」と呼ばれる）の建設とモーセ律法の拘束力の回復に努めることになった。その歴史的経緯について述べるのが、伝統的に次項§32の「諸書」に分類されるエズラ記とネヘミヤ記である。

次に挙げる預言者が活動したのは、捕囚の末期からパレスティナ帰還後の時代である。

エゼキエルは、もともとエルサレム神殿の祭司で、バビロン捕囚を実際に体験している。ユダ王国が犯してきた偶像崇拝と流血を激しく断罪した。しかし、神殿倒壊と国家の滅亡を捕囚先で確認した後は、一転してその復興を予言し、新しいエルサレム神殿の建物と祭儀の構想をくり広げる。

第二イザヤは、バビロン捕囚の末期に活動した。ヤハウェがペルシア王キュロスを使って実現する解放の時が近いことを告知し、パレスティナへの帰還に備えることを捕囚民に強く促した。その最初のメッセージ(イザ四〇3-5)はすでに§9に引いたとおりである。「わたしがヤハウェである。わたしの他に神はいない」(四五5他)という唯一神教の宣言でよく知られている。

ハガイは、祖国に帰還したユダヤ教徒が内部抗争と周辺民族との対立に追われる中で、中断されていた神殿再建工事の再開(前五二〇年)を呼びかけ、新しい王の擁立も希求した。ゼカリヤも、ハガイと同じ社会情勢の中で少し遅れて活動した。エズラ記五章1節では、ハガイと連名で言及されている。

第三イザヤは、前五二〇年に再開された第二神殿の再建工事が前五一五年に完成したことをすでに前提している。その上で、安息日の戒めに代表されるモーセ律法の遵守を強調する。

マラキも、おそらく第二神殿が完成した後の時代に、祖国帰還以来の社会の混乱と弛緩状態を前に、律法の遵守を強調する。

ヨエルは、おそらくペルシア時代の末期(前四世紀前半?)に活動したと推定される。「いなご(敵)の大群」がエルサレムを滅ぼす「主の怒りの日」が迫っているという告知は、次節で述べる黙示思想に通じるものがある。

§32 諸書

伝統的に「諸書」と呼ばれるのは、表3のB欄で言えば、27から39の合計一三書である。その呼び名のとおり、諸書に属する文書の文学的な様式はさまざまである。

(1)詩歌

まず詩歌に分類されるのは、詩編、雅歌、哀歌である。

詩編については、すでに§9で第九〇篇の一部、§25で第一二一篇と第一〇四篇(一部)を紹介した。いずれもよく知られた詩篇である。また詩編全体の成立史も§22(末尾)で簡単にふれたとおりである。

雅歌《がか》(前四／三世紀)も、§18でその一端を引用した。男女の恋愛を歌う詩である。後代には、たとえば女性を人間の魂、男性をキリストの隠喩として読む解釈も行われたが、実際には純粋に世俗的な詩であり、「神」という単語はまったく現れない。つねに神中心的(神学的)に話が進む聖書の中では、まれに見る例外的な文書である。

哀歌は、新共同訳では、預言者エレミヤの作と見なす後代の伝承に従って、エレミヤ書の後に置かれている。実際の著者は不詳であるが、バビロン捕囚に際してエルサレムの住民が嘗めた辛酸を歌っている。

(2)知恵文学

箴言《しんげん》は、知恵文学の典型である。序文では、ソロモン王の作とされているが、実際にはバビロン捕囚以前から、段階的にいくつかの「詞集」(一〇―二四、二五―二九章他)が王宮の知識人たちによって編纂されていたものと思われる。それに捕囚後の時代に集められたものも加えて、現在のかたちに最終的に編纂された。とくに二二章17節―二三章11節(あるいは二四章22節まで)は、エジプトの知恵文学「アメンエムオペトの教訓」と著しく並行することが指摘されている。§18で述べたように、知恵文学が人間誰しもの普遍性に通じていることのよい証拠である。

（3）歴史書

歴史書の代表は、歴代誌（上下）である。その冒頭にはアダムからアブラハムまでの系図が置かれ、その後も延々と続いている。これを新共同訳の目次に従って列王記下に続けて読む場合の不自然さについては、すでに§7の（6）で述べた。ヘブライ語聖書では歴代誌は列王記とは遠く離れて、全巻の最後に置かれているので（表3のB欄）、この不自然さは生じない。ただし、歴代誌の著者たち（前五／四世紀）が前述の創世記から列王記下まで（九書）の一連の物語を基本的に知っていたことは間違いない。彼らは、とりわけ申命記から列王記下までを編纂した歴史家のグループを意識していて、彼らの独特の歴史観に異を唱える。

すでに見たように、この歴史家たちはバビロン捕囚という国家と民族の破局をイスラエル・ユダヤ民族が神に対して犯し続けてきた罪（契約違反）の所為とすることによって、神の正義を弁護していた。そのために彼らは、あろうことか最初の王ダビデが犯してしまった罪（部下の妻バト・シェバの横取り）と、そこに端を発した愛憎渦巻く宮廷内の争いについて語ることも辞さなかった（サム下一一章以下）。

ところが、歴代誌の著者たちはこれを削除してしまう。彼らの関心はバビロン捕囚からやっと解放されたユダヤ教徒の自己同一性を再確認して、その自信を回復することであった。そのためには、先行する歴史家たちの歴史観は「自虐的」に過ぎたのである。歴代誌はそれに対する「対案の歴史観」なのである。

歴代誌の記述はバビロン捕囚からの解放で終っている。歴史上のつながりとしては、エズラ記とネヘミヤ記がそれに接続する。ルツ記とエステル記は歴史書ではないが、イスラエル・ユダヤ民族の歴史の一コマ(ルツは士師時代、エステルは捕囚後のペルシア時代)に生きる女性を主人公とする劇的な物語である。

(4)思想書

コヘレトの言葉(岩波版では「コーヘレト書」)とヨブ記は、思想書と呼ぶことができる。コヘレトの言葉は、序文ではダビデの子ソロモンの作に仮託されているが、実際にははるかに後代(前二世紀後半?)の作品である。すでに§18で紹介した一節からも明らかになるように、きわめて悲観主義的な人生観に満ちている。とりわけ、義人にも悪人と同じか、より悪い運命が降りかかることを嘆いて、伝統的な因果応報の人生観に対する懐疑を歌っている。

ヨブ記(前四／三世紀)になると、この懐疑はさらに深まっている。ヨブは伝説的な義人で、子孫に恵まれ、財産にも何一つ不自由しない境遇にあった。しかし、サタンが神の許可を得たうえで、そのヨブの上にさまざまな禍を下す。それはとうとうヨブ自身の身体にまで及ぶ。しかし、そのような禍に値する罪を犯した覚えがないヨブは、時に死を願いながらも、神の因果応報の正義と責任がどこにあるかを問い詰め、ひいては神の存在そのものを疑うに至る。

そこで老若四人の友人が現れて、傲慢なヨブを説得しにかかる。それぞれに独自な点もあるものの、根本的には四人とも伝統的な因果応報主義を擁護し、人間に思いがけず襲いかかる苦難も神による教育手段であるとして、その救済意義を認める論を張る。最後に神がつむじ風の中に出現して、ヨブと対話し、創造主として天地万物にみなぎらせている霊妙さを自慢する。

それでヨブはあっさり納得したのかどうか。この点については、専門家の間でも意見が分かれている。しかし、重要なのは、神が最後の最後に、四人の友人たちの伝統的な議論を退け、神に対してあくまでも自説を述べて譲らなかったヨブの「語り方」を正しいとしていることである(四二8)。

(5)黙示文学

最後に、ユダヤ教黙示文学に属する文書がある。黙示文学あるいは黙示思想とは、神の選民あるいは義人が苦しみ、異邦人あるいは罪人が栄えるという不条理が、やがて超越的な神が歴史の中へ介入することによって終りを迎え、一挙に解決されることを待望するものである。

まず、独立の文書ではないが、イザヤ書の二四―二七章を挙げなければならない。現在この部分は、前述の「第一イザヤ」の一部とされているが、実際にはずっと後代(おそらく前二世紀)に著わされたもともと独立の文書であって、二次的に現在の場所へ挿入されたものというのが研究上の定説である。その内容は、一読すれば明らかであるが、歴史の終末における神の世界審判など、明瞭に黙示思想的である。ダニエル書と並んで、ユダヤ教黙示文学の比較的早い段階に属する。

本格的な黙示文学の始まりは、ダニエル書である。その成立事情は複雑であるが、いずれにせよ最終的に現在のかたちにまとめられたのは、前二世紀の前半である。それ以前の前三三〇年、ギリシア(マケドニア)帝国のアレクサンドロス大王がペルシア帝国を征服して滅亡させている。アレクサンドロス大王が前三二三年に死ぬと、その帝国東部の領土はセレウコス朝シリアとプトレマイオス朝エジプトに分割された。その間に挟まれたユダヤ教徒は二つの帝国の覇権争いに翻弄され続けた後、前一六七年にシリアに対する独立戦争(通称、マカベア戦争)に立ち上がった。

ダニエル書は、この独立戦争をイデオロギー的に支えるために書かれた文書である。とりわけ一〇章以降では、その独立戦争に至るまで、南北の二つの帝国の間で行われた戦争と政略結婚による和睦のくりかえしが、詳細にわたって「事後予言」されている。すなわち、語り手として架空の人物ダニエルを数百年も昔のペルシア帝国の始めに登場させて、そこから後、実際の著者の現在までの歴史的事件を「予言」させるのである。それは「予言」らしく多少ぼかした表現になってはいるものの、当時の読者にはすぐにそれとわかる仕組みになっている。

当然、ダニエルの予言はすべて的中する。その上で最後に、実際の著者はダニエルに来るべき歴史の「終末」を予言させるのである。その予言だけが、著者と読者の未来にかかわっている。それは神の超越的な介入、具体的にはメシア(救い主)の派遣のことである。マカベア戦争はメシアの戦争となる。

§33　旧約外典・偽典

「旧約外典」という呼称の意味については、すでに§21で述べたとおりである。時に「旧約偽典」という表現も使われる。厳密には、「旧約外典」は七十人訳に含まれているが、正典ヘブライ語聖書の三九文書には数えられないものを指し、「旧約偽典」とはその七十人訳にも含まれていないものを指すことになっている。しかし、ここではこの区別にはこだわらないことにする。

旧約外典・偽典は、前二世紀から後一世紀の間に書かれたものが大半である。その文学的な様式は前項で述べた旧約聖書の「諸書」の後を継ぎつつ、それ以上に多様である。書名に掲げられる人名も、多くの場合、旧約聖書中の有名な神話的・伝説的人物の名前であって、明らかに「偽名」である。内容的にも、史的信憑性は乏しい。

以下では、日本聖書学研究所編訳『聖書外典偽典』（全七巻、別巻三巻、教文館、一九七五－一九八二年）の第一－五巻と別巻・補遺Iに収録されている文書、しかもそのうちの主要なものに限って、その内容をごく簡単に紹介する。文書によっては、後代のキリスト教徒による加筆のある場合がある。それに該当する文書には、書名の後の括弧内に成立年代を記す際に♀印を加えておく。その他、詳しい成立事情については、前掲書でそれぞれの文書の解説を参照していただきたい。

同書の別巻・補遺IIの巻末(五五八―五六三頁)には、ここでは省略する文書も含む詳細な一覧表がある。また、新共同訳の続編に収録されているものについては、『新共同訳旧約聖書・続編注解』(日本キリスト教団出版局、一九九三―一九九六年)に注解がある。

(1)歴史書

第一エズラ(前二世紀後半―一世紀、ウルガータの第三エズラ)は、正典エズラ記をなぞりながら、中断されていた第二神殿の再建工事が再開される(前五二〇年)までのエピソードを物語る。第一マカベア書(前二世紀後半)は、前一七五年から説き起こして、マカベア戦争をへてマカベア王家(別称、ハスモン王家)が確立されるまでの歴史を記している。第二マカベア書(前一二四年頃)は、同じマカベア戦争を、前一九八年から説き起こして、前一六四年のエルサレム奪還と神殿粛清までを物語る。第三マカベア書(前一世紀前半)は、その書名とは裏腹に、マカベア戦争とは関係がなく、前三世紀後半のエジプトの王プトレマイオス四世に対するユダヤ教徒の抵抗を扱っている。

(2)黙示文学

ダニエル書で本格的に始まった黙示思想はその後急速に広がり、実に多くの黙示文書が生み出された。そのうちでもっとも重要なものは、エチオピア語エノク書である。これは前四世紀から後三世紀にわたって、複数の文書が順次複合されてできた文書である。義人エノク(創五24)は天使に導かれて、天空を世界の果てまで旅して、星辰の運行をはじめとして自然界の秩序を見届ける。やがてその運行が乱れて世界の終末が訪れ、その後に新天新地の実現することが、天地創造から編集者の現在までの事後予言も含めて語られる。スラブ語エノク書(後一〇/一一世紀にスラブ語に翻訳)とギリシア語バルク黙示録(後二世紀)でも、それぞれの主人公が天使に引率された天空の旅によって、ほぼ同様の体験をする。

第四エズラ書(後一世紀)は、新共同訳続編のエズラ記ラテン語(ウルガータの第四エズラのこと)の三―一四章と呼称が違うだけで、内容は同じものである。前述のマカベア戦争以来続いてきたハスモン王家の支配は、前六三年にローマ軍によって終りを迎えた。以後、ユダヤ人は基本的にローマの支配に服することになった。しかし、紀元後一世紀になると、ローマに対する叛乱が相次ぎ、ついに後六六年には全面的な武装闘争が始まったが、後七〇年にエルサレムの炎上により、全面敗北をもって終った。第四エズラ書はこの首都陥落を知っている(三1)。

著者は主人公エズラに天使ウリエルと会話させるが、その関心はエチオピア語エノク書のような宇宙の仕組み(「天上の道」)ではなく、異邦人(ローマ)が栄えて神の選民(ユダヤ教徒)が苦しんでいる現実の不条理の理由を問うことにある。

シリア語バルク黙示録(後一世紀後半)も、エルサレム陥落を知っている点は同じである。しかし、著者は舞台を前六世紀のバビロン捕囚の時に移して、荒廃した祖国に残されたバルク(預言者エレミヤの書記)に破局の理由を尋ねさせる。バルクはさまざまな幻によってバビロン(ローマ)の支配に代わるメシア時代が到来するのを見る。アダム以後、メシア到来までの全世界史が一二の段階に分けて解釈される。

シビュラの託宣第三―五巻(後二世紀前半)は、マカベア戦争からローマのネロ帝を経て、トラヤヌス帝(後二世紀)までの時代を対象とする託宣集である。周辺の異民族には終末の患難が予言(ほとんどが事後予言)され、ユダヤ教徒にはメシアの到来が予言される。「シビュラ」は古くからギリシアの伝説で知られていた女性の託宣職(巫女)で、本書はその名を借りた偽書である。

(3)知恵文学・遺訓文学

正典旧約聖書の中の箴言に始まる知恵文学は、その後一大伝統となって、ベン・シラの知恵(前一九〇年頃、新共同訳続編のシラ書)、ソロモンの知恵(前一世紀、新共同訳続編では、知恵の書)が生まれた。ピルケ・アボス(『父祖たちの章』、後二〇〇年前後)は、ユダヤ教の律法学者(ラビ)たちの教訓的な言葉を集めた箴言集である。

十二族長の遺訓(前二世紀、♀)は、遺訓文学の典型である。イスラエルの太古の族長ヤコブの一二人の息子(ルベン、シメオン、レビ、ユダ、ゼブルン、イッサカル、ダン、ガド、アセル、ナフタリ、ヨセフ、ベニヤミン)が、それぞれ臨終の床で子孫たちに遺言を垂れる。その内容は、さまざまな善徳と悪徳についての倫理的教訓である。

表題に「〜の遺訓」と謳われる文書は、他にもアブラハムの遺訓(後二世紀)、ヨブの遺訓(後一世紀)、モーセの遺訓(前一世紀末—後一世紀前半)がある。

アブラハムの遺訓は、アブラハムが死ぬ前に天使の案内で天空を旅して、義人と罪人の運命を見届ける話で、遺訓というよりも聖者伝説である。その点は、ヨブの遺訓でも同じである。ヨブは自宅そばにあった偶像の社を破壊したために、その持ち主であった悪魔によって、全財産と子供たちの命まで奪われる。四人の友人が来訪し、ヨブを批難するのは、正典旧約聖書のヨブ記に準じている。神の介入でヨブは救われ、以前の倍の財産を得る。

モーセの遺訓は、モーセが後継者のヨシュアに残す遺訓である。約束の土地に定着した後のイスラエル民族の堕落の歴史が、バビロン捕囚を経て後一世紀まで予言(事後予言)され、最後にレビ族からの救世主が出現することが約束される。遺訓というよりは黙示文学である。

(4)詩歌

ソロモンの詩篇(前一世紀)は、知恵文学にも数えられる。一七章(とくに21‐32節)はメシアがダビデの子孫であること(政治的メシアニズム)を明言する箇所としてよく知られている。

バルク書(後二世紀前半)は、バルクがバビロンで、捕囚の民に祖先が太古から犯してきた罪を懺悔させ、神の約束を想起させるために書いた詩と歌であるとされている。

(5)手紙

アリステアスの手紙(前二世紀)は、エジプトのプトレマイオス二世(治世＝前二八二―二四六年)がユダヤ教の大祭司エレアザルと連携して、モーセ律法(モーセ五書)をギリシア語に翻訳させる経過を物語る。エレアザルは七二人の学者を選び、アレクサンドリアに派遣し、七二日で翻訳を完成させたと言われる。「七十人訳」という通称は、この伝説に由来している。

エレミヤの手紙(前四世紀末―一世紀半ば)は、預言者エレミヤが捕囚地バビロンのユダヤ人に偶像崇拝を戒めるために送った手紙とされている。

（6）伝記物語

アダムとエバの生涯（前一世紀末―後一世紀初め、♀）は、伝記物語とでも呼ぶ他に仕方がない。そこでは、楽園追放後のアダムとエバが懺悔の苦行を続けている。アダムのために天上の楽園から追放された悪魔（サタン）がその邪魔をする。やがてエバは、カインを出産する。アダムは農耕を始めるが病気に倒れ、エバが楽園へ特効薬の油を取りに行く。しかし、分けてもらえない。アダムは自分の過ちを子孫たちに伝えるように遺言して死んでいく。

預言者の生涯（後一世紀）は、旧約聖書のおもな預言者（一六人）と「賢者」あるいは「神の人」（七人）それぞれの生まれ、部族、活動、最期と埋葬地に関して、旧約聖書には書かれていない伝承を記している。

（7）歴史物語

エレミヤ余録（後一三〇年頃、♀）は、預言者エレミヤが書記バルクと共にバビロン捕囚を体験して生き残り、パレスティナに帰還した後は民を指導したことを、寓話的要素を交えて物語る。イエスの復活を予言するくだりは、キリスト教徒による付加である。

ユデイト書（前二―一世紀）は、アッシリア軍に包囲されて陥落寸前のサマリアのシケム（北王国の首都）を舞台としている。寡婦ユデイトは策を講じて敵将の宴会に連なり、隙を見てその首をはね、袋に隠してシケムに帰還する。その翌朝、シケム軍が勝利を収める。

「ダニエル書への付加」と呼ばれるのは、後二世紀末に刊行された七十人訳の改訂版(テオドティオン訳)のダニエル書にはあるが、正典ヘブライ語聖書のダニエル書にはない部分のことである。そのうちの「スザンナ」の主人公スザンナは、バビロンの有力なユダヤ人の妻で、美貌の女性である。その地の長老二人が情交を迫るが果たせない。そこで彼らはスザンナを無実の罪で訴える。ダニエルがそれを暴いてスザンナを救うという話である。「ベルと龍」は、どちらもバビロン人の拝む偶像のことで、ダニエルがそれぞれの正体を暴露して粛清する物語である。

ヨベル書(前二世紀後半)では、神がエジプト脱出後のモーセにシナイ山で律法を授ける時、天使を通して天地創造からその時点までの世界史(出エジプト記一二章までに対応)を物語る。全体が四九回のヨベル(一ヨベルは四九年の周期のこと)に区分され、正典外の民話や律法解釈上の固有の伝承(とりわけ太陽暦による祭儀法!)を加えている。

(8)殉教物語

預言者イザヤの殉教(と昇天)(後一世紀後半)は、イザヤが偽預言者バルキラによって、王ヒゼキヤに無実の罪で訴えられ、鋸で引かれて殉教死を遂げる物語である。

第四マカベア書（後二〇－五四年）では、第二マカベアにも登場する義人エレアザルと七人の若い息子兄弟、彼らの母親が、シリアのアンティオコス四世の拷問によって殉教する事件を材料にして、理性によって情念を支配することを教える文書である。

（9）小説

ヨセフとアセナテ（前一世紀末）では、エジプトで宰相にまで出世したヨセフがエジプト人の貴婦人アセナテと結婚する（創四一45他）。アセナテはユダヤ教に改宗して、子供も出産する。その後、ファラオ（王）の長子に誘拐されそうになるが、ヨセフの兄弟たちに助けられる。アセナテは彼らがその長子に報復するのを押しとどめて、ファラオをさえ平伏させるという物語。

トビト書（前二〇〇－一七〇年）の主人公の義人トビトは、アッシリアのニネベに捕囚の身である。ある日、目に雀の糞をかけられて両眼を失明する。その後、友人に貸した金を取り戻すために、息子トビヤを派遣する。天使ラファエルが変装して息子に同行する。途中ラファエルはトビヤに、河で捕まえた魚の胆汁と心臓を保管させる。目的地に着くと、トビヤはそれを燻して、親族の女性サラから悪魔を祓い、彼女と結婚する。借金はラファエルが回収する。帰国後、トビヤが父トビトの目に魚の胆汁を塗ると、その視力が回復するという物語である。

(10)死海文書(クムラン文書)

ちなみに付言すると、一九四七年に死海沿岸のクムランの地で発見された「死海文書」も、広い意味で旧約聖書外典に数えられるであろう。膨大な分量であるが、重要な文書は日本聖書学研究所編訳『死海文書』(山本書店、一九六六年、復刻版一九九四年)に邦訳がある。外典創世記(正典旧約聖書の創世記と部分的に異なる本文を示す)、ハバクク書への注解の他に、所有者であった共同体(クムラン教団)独自の文書である宗規要覧、感謝の詩編、戦いの書が収録されている。

2　新約聖書

新約聖書二七文書の配列は、表2に掲出したとおりである。それと異なるのは、私が知るかぎり、前述の岩波版の『新約聖書』のみである。その配列順は次頁の表5のとおりである(ただし、書名は新共同訳に準ずる)。

この区分と配列の理由については後述する。岩波版の新約聖書は、旧約聖書の場合と同

表5　新約聖書の文書配列．新約聖書翻訳委員会による

マルコによる福音書
マタイによる福音書
ルカによる福音書
ヨハネによる福音書
使徒言行録
パウロ書簡
- テサロニケの信徒への手紙一
- コリントの信徒への手紙一
- コリントの信徒への手紙二
- ガラテヤの信徒への手紙
- フィリピの信徒への手紙
- フィレモンへの手紙
- ローマの信徒への手紙

パウロの名による書簡
- コロサイの信徒への手紙
- エフェソの信徒への手紙
- テサロニケの信徒への手紙二
- テモテへの手紙一
- テモテへの手紙二
- テトスへの手紙

公同書簡
- ヘブライ人への手紙
- ヤコブの手紙
- ヨハネの手紙一
- ヨハネの手紙二
- ヨハネの手紙三
- ペトロの手紙一
- ユダの手紙
- ペトロの手紙二

ヨハネの黙示録

じように、それぞれの見開き頁の左側に付けられた事項ごとの簡潔にして要を得た訳注が大変便利である。

その他に、内容の注解としては、『新共同訳新約聖書略解』(山内眞監修、日本キリスト教団出版局、二〇〇〇年)がよい。全体の時代史的背景を知るには、佐藤研『聖書時代史　新約篇』(岩波現代文庫、二〇〇三年)が便利である。

§34　福音書・使徒言行録

§10で述べたとおり、新約聖書には福音書が四つあって、内容上、互いに重複もあれば違いもあることが、初読者の戸惑いの一つである。この戸惑いを解決するには、四福音書の間の歴史的な相互関係を知る必要がある。研究上の定説に従って、まずマルコ、マタイ、ルカの三つの福音書の間の相互関係を図で示せば、次頁のようになる。

イエスの死後の数十年間は、イエスの発言、行動、最期は口頭で言い伝えられた。その口頭伝承を担ったのは、必ずしもキリスト教徒とは限らなかった。マルコ福音書の著者は、その口頭伝承(一部は書き下ろされていたかも知れない)を一定量蒐集して(図中の矢印②)、おそらく後七〇年頃、自分自身の信仰的メッセージを込めた物語を編み上げた。マタイ福音書と

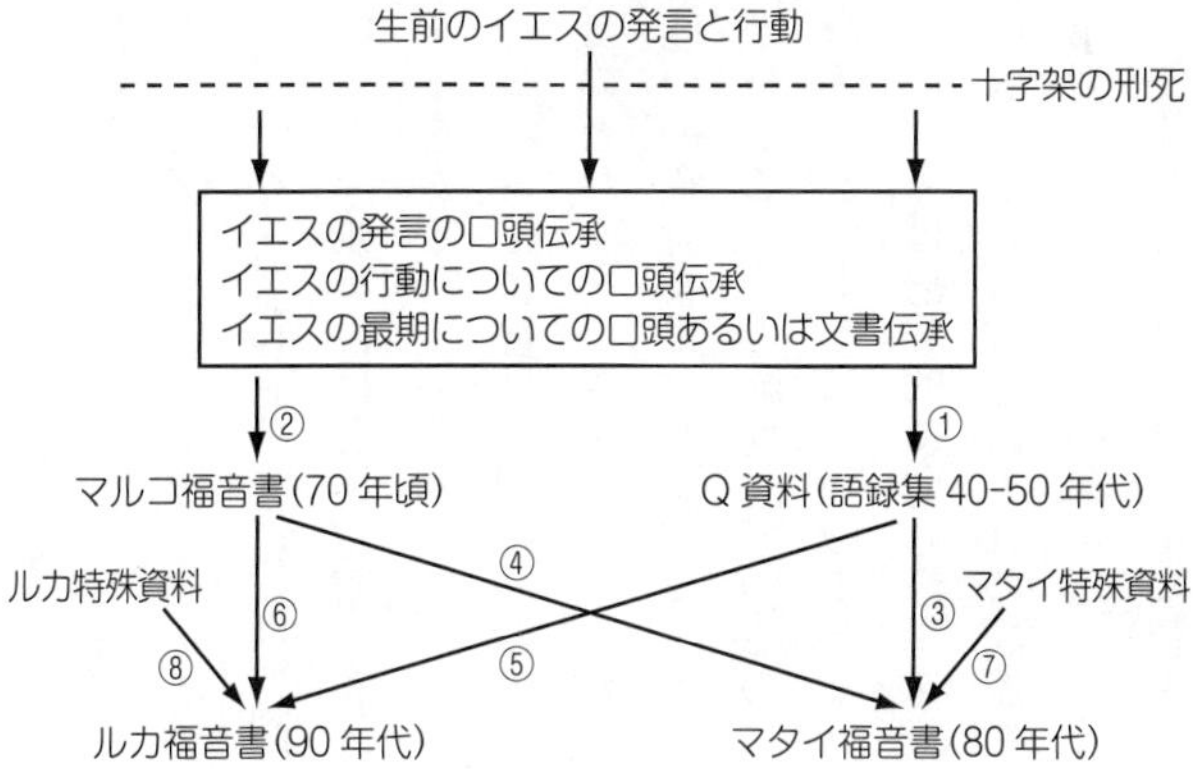

ルカ福音書の著者は、それぞれおそらく後八〇年代と九〇年代に、しかも、お互い独立に、マルコ福音書を直接資料として用いながら、同じように自分の信仰的メッセージを込めた作品を編んだ（矢印④と⑥）。

同時にその際、マタイとルカはもう一つ別の、イエスの言葉ばかり集めた文書資料（矢印①ドイツ語で「資料」を意味するQuelleのイニシャルを取って「Q資料」と表記するのが慣例になっている）をそれぞれ独立に入手して、用いたと考えられる（矢印③と⑤）。もちろん、この語録集は仮説上の文書であり、その成立年代には定説がない。マタイとルカ福音書の二つに共通して現れるものの、マルコ福音書にはないイエスの言葉は、分量的にもかなりの数に上るが、それらの多くはQ資料に遡ると考えられる。

さらに、マタイ福音書にだけ、あるいは、ルカ福音書にしか現れない記事(特殊記事)も少なからずある。これらを、マタイとルカはそれぞれ特殊なルートで入手したと考えられる(矢印⑦と⑧)。

したがって、マルコ、マタイ、ルカの三つの福音書すべてに現れる記事(§10ではマルコ二23-28とその並行記事を掲出)は、図中の矢印②、④、⑥のルート、マタイとルカで重複しているがマルコにはない記事(§10ではマタ五3-6/ルカ六20-21を掲出)は、矢印①、③、⑤のルートをたどっているわけである。

ヨハネ福音書は、図には書いていないが、後一〇〇年頃に著わされた。他の三つの福音書のどれかを直接用いているか否かについては、研究上の定説がない。いずれにしても、四つの福音書はマルコ、マタイ、ルカ、ヨハネの順で成立したことになる。岩波版の新約聖書がこの順で配列しているのはそのためである。四人の編著者がそれぞれ自分の福音書全体をどのように一つのまとまりある「作品」に作り上げているかは、すでに§22で述べた。彼らは部分的に同じ伝承を材料にしながらも、それぞれ独自のメッセージを発信している。それは、それぞれの読者たちが違った問題に直面していたことを意味している。当事者たちの経験に肉薄するという第Ⅱ部の提案4は、ここでも生きてくる。

使徒言行録は、ヨハネ福音書の後に置かれているが、実際にはルカ福音書と一連の作品である。そのことは二つの文書がそれぞれの序文で、「テオフィロ」という同一の人物に献呈されていること、また、使徒言行録の序文では著者自らが「あの最初の書物（＝ルカ福音書）を著わして」と断っていることから、明白である。

§35　手紙・その他・使徒教父文書

（1）パウロの真筆の手紙

使徒言行録の後に続く文書は、ほとんどが手紙（書簡）の形式になっている。そのうち、ローマの信徒への手紙からフィレモンへの手紙までの一三文書は、それぞれの前書きで、パウロが発信人として名前を挙げられている。

しかし、研究上の多数意見に従えば、そのうちのテサロニケの信徒への手紙一、コリントの信徒への手紙一、二、ガラテヤの信徒への手紙、フィリピの信徒への手紙、フィレモンへの手紙、ローマの信徒への手紙の七通だけが確実にパウロの真筆であって、回心（§29参照）した後の伝道活動の途中、この順番で書かれたものと考えられる。年代的には後五〇―五六年頃と推定されている。

それ以外の手紙は、たしかに発信人欄にパウロの名前はあるものの、実際にはパウロの強い影響下にあった人物が、パウロの死後、彼の名前を借りて書いたものとして、「パウロの名による手紙」と見なされる。前述の岩波版新約聖書はこの区分に従った上で、それぞれの区分の内側では原則として執筆順に配列している。

パウロの真筆の七通を読むためには、それぞれを彼の伝道活動の大きな旅程の中に位置づけて、どこでどのような問題の解決を迫られて書いたものであるかを知らなければならない。旅程については、前述の使徒言行録の一三章以降に報告があり、ほとんどの邦訳もそれを地図上に表して巻末に付している。ただし、その報告がどこまで歴史的に信頼に値するかについては、いろいろ疑義が残されている。加えて、個々の手紙の執筆状況はきわめて微細で錯綜しているので、さきに紹介した訳注および注解を参照しながら読むことがぜひとも必要である。

(2)パウロの名による手紙と公同書簡

「パウロの名による手紙」が、パウロの真筆から区別されるおもな理由は、思想と文体の違いである。思想上のずれは、著者たちが立っている思想史的な位置と、その中で彼らが解決しようとしている問題が、どちらもパウロとは変わってしまっていることを意味する。とりわけ、コロサイの信徒への手紙(後六〇年代前半)とエフェソの信徒への手紙(後八〇一九〇年頃）で顕著なのは、教会が可視的な宇宙全体を覆うもの、キリストは「かしら」としてその上に立ち、神は絶対的な超越としてさらにその上にいるとイメージされていることである。明らかに、周辺へレニズム文化の宇宙論を意識しているのである。

テサロニケの信徒への手紙二（後六〇年代後半）は、パウロとは異なって、むしろ前述のユダヤ教黙示文学にも通じるところのある終末論を主題にしている。

テモテへの手紙一、二と、テトスへの手紙（いずれも後一〇〇年頃）は、まとめて「牧会書簡」とも呼ばれる。一読すれば明らかであるが、ここでは個々の教会は、パウロの時代のように、特定の信徒の個人宅（いわゆる「家の教会」）に集まるのではなく、それ自体で独立している。一人の「監督」の下に「長老」と「執事」（奉仕者）という職務分掌がある。職務を担うのはつねに男性とされている。つまり、教会の男性中心的な制度化が始まっているのである。同時に、信徒が実行するべき善行、身につけるべき善徳、避けるべき悪徳がくりかえし説かれる。神学については、伝えられてきた「教え」が「真理の柱であり土台」（一テモ三15）である。

教会の制度化、道徳主義化、神学の伝統主義化——これらはヤコブの手紙、ペトロの手紙一、二、ヨハネの手紙一、二、三、ユダの手紙にも、もちろんそれぞれ程度の差はあるが、多かれ少なかれ当てはまる。この七通の手紙はすべて「手紙」を謳っているものの、宛先は特定の教会ではなく、不特定多数の信徒に読まれることを期待しているため、研究上は「公同書簡」とも呼ばれる。成立年代は早いもの(一ペト)で後一世紀末、一番遅いもの(二ペト)で後二世紀半ばと推定される。

牧会書簡と公同書簡には、読んでの面白みはほとんどない。しかし、後一世紀末から二世紀半ばにかけての教会の内外に「異端」説が登場していることを教えてくれる点では、きわめて興味深い。その「異端」は、結婚や特定の食べ物を禁じたり(一テモ四3)している点で、後述する外典使徒言行録(§36の(6))の禁欲主義を想わせる。と同時に、「不当にも『知識』(グノーシス)と呼ばれている反対論」(一テモ六20)という表現は、この後の第3章でふれるグノーシス主義をも想起させる。

(3)ヘブライ人への手紙とヨハネの黙示録

残るヘブライ人への手紙とヨハネの黙示録が、新約聖書の中で占める位置は独特である。ヘブライ人への手紙(後八〇年代)の著者は、旧約聖書とユダヤ教(ヘブライ人)の儀礼を熟知している。そこから後代の人が現在の書名を付けたのであるが、実際には手紙ではなく論文である。イエスはユダヤ教の大祭司に喩えられ、自分自身を最後にして一回限りの贖罪の犠牲として献げて、「天の至聖所」に入っていく。

ヨハネの黙示録（後九五／九六頃）は、死から甦らされたイエスが天上の神の右へ高められて、世界万物に対する支配の座に即位したことを、ほとんど唯一の主題にしている（§19参照）。しかし、「王の王」であるそのイエスは、「（十字架上に）屠られた子羊」に他ならない。この逆説によって著者は、いま始まろうとしているローマ帝国（ドミティアヌス帝）によるキリスト教迫害に対抗しているのである。

（4）使徒教父文書

正典新約聖書の一部ではないが、前述の公同書簡とほぼ同じ年代に著わされ、以後の正統主義教会の中でそれと並ぶ権威を認められてきた文書に、「使徒教父文書」と呼ばれるものがある。これに該当するのは、ローマ教会の監督クレメンスがコリントの教会に宛てた二通の手紙、シリアのアンティオキア教会の監督イグナティオスが殉教のためにローマへ上る途中、諸教会（エフェソ、マグネシア、トラレス、ローマ、フィラデルフィア、スミルナ）と監督（ポリュカルポス）に書き送った七通の手紙、スミルナ教会の監督ポリュカルポスの手紙、その殉教について記したポリュカルポスの殉教、匿名の著者によるバルナバの手紙とディオグネートスへの手紙、さらに、ヘルマスの牧者、十二使徒の教訓、パピアスの断片である。これらはすべて『使徒教父文書』(荒井献編、講談社文芸文庫、一九九八年)に、邦訳と解説が収録されている。公同書簡と牧会書簡の特徴として述べたことは、使徒教父文書にもほぼそのまま当てはまる。

§36 新約外典

新約外典も、旧約外典・偽典の場合(§33参照)にならって、『聖書外典偽典』第六、七巻、別巻・補遺Ⅱに収録されているおもなものについて、文学上の様式に分けて内容を紹介する。書名に掲げられる人名が「偽名」であって、内容的な史的信憑性が乏しいことも、旧約外典・偽典の場合と同じである。さらに詳しいことは、それぞれ前記の翻訳に付けられた解説を参照していただきたい。また、別巻・補遺Ⅱの巻末(五六四—五六八頁)には、その他の外典も含む一覧表がある。

(1)黙示文学

パウロの黙示録(後四世紀末)では、生前に第三の天まで挙げられたパウロ(二コリ一二4)がそこで見聞したことを報告する。人間の犯した罪の巻き添えを喰った全被造物が、神の前で人間を告発する。天国と地獄におかれた者たちの境涯が描かれる。地獄の責め苦を受ける者には聖職者も含まれる。

ペテロの黙示録(後二世紀前半)では、ペテロがオリブ山上で生前のイエスから聞いた教えを報告する。終末の前兆である偽預言者の出現、各人の生前の行いによる最後の審判について語られる。罪の度合いに応じて組分けされて、黄泉で責め苦を受ける罪人たちの描写は、後代のダンテ『神曲』を想わせる。

第五エズラ(後二〇〇年頃、新共同訳続編のエズラ記ラテン語=ウルガータの第四エズラの一―二章と同じ)は、エジプト脱出後に神に不従順だったイスラエルに代わって、キリスト教会が新しい「神の民」となったことを主張する。

第六エズラ(後三世紀末、新共同訳続編のエズラ記ラテン語=ウルガータの第四エズラの一五―一六章と同じ)は、ローマ帝国の東部地域(アジア、シリア、エジプト、バビロン)に下る災難、その中で神の民であるキリスト教徒におよぶ迫害を予告するとともに、彼らへの慰めを語る。

シビュラの託宣第一―二、六―八巻(後二世紀半ば―三世紀初め)。第一―二巻は、もともとユダヤ教の文書(§33(2)参照)にキリスト教的な加筆が行われたものであるが、第六―八巻は純粋にキリスト教の文書である。イエスの来臨から始めて、福音書の大筋をたどり、後七〇年のエルサレム陥落までを対象としている。終末時の患難とローマをはじめとする各民族に下る審判が詳細に描写される。

(2)天空の旅と幻視

預言者イザヤの(殉教)と昇天(後一世紀末)では、脱魂状態のイザヤが天使に引率されて、第一天から第七天まで段階的に上昇する途中、そのつどの天空の住人(天使)たちを見る。第七天には、アダム以来のすべての義人がいる。そこではやがて起きるイエス・キリストの到来、刑死、復活、昇天の出来事が予告される。その後、イザヤは実際にイエス・キリストが地へ下降し、再び天へ帰昇するのを見る。

(3)使徒言行録

トマス行伝(後三世紀前半)の主人公である使徒トマスは、エルサレムから北インドと南インドまで福音を宣べ伝える。途中の国々で、とりわけ身分の高い人々が彼をめぐって次々とくり広げる事件が大衆小説風に語られる。トマスの説教は、くりかえし性的禁欲を強調する。性交と子供の誕生は禍の因とされる。

パウロとテクラの行伝(後二〇〇年頃)は、パウロ行伝の一部である。パウロが現在のトルコ内陸部を伝道して回り、もっぱら性的禁欲を説く。処女テクラはそれに魅了されて、パウロを助けながらその後に従っていたが、やがて火あぶりと野獣の刑に処される。しかし、野獣の刑の最中に自分で自分に洗礼を授けて奇跡的に助かり、その後、初の女性伝道者となる。

ペテロ行伝(後二世紀末)は、ペテロが魔術師シモンとローマの公衆の前で対決する物語である。ペテロは死人を甦らせる奇跡で勝利を収め、市街を出ようとすると、市内へ向かって歩いてくる主イエス(幻)に出会う。「主よ、どちらへ行かれるのですか」と聞くと、イエスは「そこで再び十字架につけられるために」と答える。ペテロは急いで引き返し、十字架上に倒立した体位で処刑される。

ヨハネ行伝(後三世紀末)とアンデレ行伝(後二世紀)でも、それぞれの主人公がやはり性的禁欲主義をくりかえし説く。外典使徒言行録すべてに共通して見られるこの傾向は、これらの文書を生み出した人々が、達人わざの性的禁欲を理想としていたことをうかがわせる。テモテへの手紙一が四章3節で批難しているのは(§35(2)参照)、おそらくこの立場のことであると思われる。

(4)福音書

エジプト人福音書(後二世紀前半)は、後代の著作家による断片的な引用を通して知られるのみで、全体像はよくわからない。外典使徒言行録と同じ性的禁欲を強調する。女が子を産むことやめさせるために、救い主イエスが到来する。

エビオン人福音書(後二世紀前半)は、正典マタイ福音書を改変したもの。ユダヤ人キリスト教徒の一派であるエビオン派が重用していたので、この名称で呼ばれるが、別称を「ヘブライ人福音書」とも言う。イエスの洗礼と弟子の召命の場面が、後代の著作家による引用を通して断片的に知られるに過ぎない。

トマスによるイエスの幼児物語(後二世紀後半)は、その書名のとおり、五歳から一二歳までの少年イエスを、超人的な異能と知能を持った神童として描く大衆読み物である。この神童は病気と障害も癒すが、自分を怒らせる者を即死させ、身体に障害を負わせたりもする。その彼らをも、神童イエスは後からまた救う。

ニコデモ福音書(後四世紀?)は、ニコデモがヘブライ語の原本をギリシア語に翻訳したという体裁の下に、ピラトによる裁判の場面のイエス、十字架上の最期、アリマタヤのヨセフによる埋葬、空虚な墓、ガリラヤでの復活のイエスの顕現を、お伽話風に拡大して物語る。とくに、イエスの遺体を埋葬したヨセフと、ガリラヤの山上でイエスが弟子に顕現したところを目撃した部外者が、それぞれの体験を物語る。ピラトはイエスの無罪を確信して釈放に努める。十字架で処刑された後のイエスは冥界へ下り、アダム、セツ、アブラハム、ダビデ、イザヤ、洗礼者ヨハネなどの死者と出会って、彼らを冥界から天国へ引き上げ、代わりにサタンを冥界につなぐ。

ペテロ福音書（後二世紀半ば）は、イエスの裁判から空虚な墓の場面までを、正典福音書の叙述を少し膨らませながら語る。墓から出てきたイエスに天から声があって、「死者たちに宣べ伝えたか」と聞く。つまり、ニコデモ福音書と同じように、イエスの冥界下りのテーマをすでに知っているわけである。すでに§19で掲出したキリスト教信仰の「基本文法」の図の⑥に「陰府下り」とあるのは、ここに姿を現した見方がやがて行き着く地点である。

ヤコブ原福音書（後二世紀半ば―三世紀前半）は、正典福音書（マタイとルカ）のイエス誕生物語に先立つ段階の母マリアについての物語である。マリアはダビデの血統から生まれ、汚れなき教育と成長を経て、すでに子持ちのヨセフと縁組みする。やがてイエスを洞窟で出産するが、彼女の処女膜は破れないで残っていたという。全体がマリア崇拝を前提にした話であり、レオナルド・ダ・ヴィンチの「洞窟の聖母」など、後世に与えた影響も大きい。

（5）手紙・講話

使徒たちの手紙（後二世紀）は、ユダ以外の一一人の使徒が、復活顕現したイエスから教えられたことを書き記して、連名で全世界のキリスト教徒に伝えるものである。まだ生まれる前のイエスが天空を旅した後、天使ガブリエルに変装してマリアと面会し、そのまま彼女の胎内に入って誕生する。イエスの人性と神性、十字架の死の現実性、その復活の肉体性、終末のしるし、キリストの再臨、最後の審判について語り、信徒の倫理と伝道の使命を強調する。

セネカとパウロの往復書簡(後四世紀後半)では、ストア派の哲学者でローマ皇帝ネロの家庭教師でもあったセネカがパウロの手紙(ガラ/一、二コリ)を読んで、その内容の高尚さに感嘆する一方、修辞学的な未熟さを改善するよう忠告する。

パウロとコリント人の往復書簡(後二世紀末)は、パウロがフィリピに滞在中に、コリントの信徒たちが自分たちの間で流布している異端説について伝えてきたのを受けて書いたものとされている。この返信は、正典新約聖書中にある二通のコリントの信徒への手紙に準じて、「コリント人への第三の手紙」とも呼ばれる。

ラオデキア人への手紙(後四—五世紀?)は、正典のフィリピの信徒への手紙のいろいろな箇所をつぎはぎ細工してできた、ごく短い手紙である。

ペテロの宣教集(後三世紀半ば)は、ペテロが主イエスの肉の兄弟で教会の監督をしているヤコブに書き送った手紙という体裁になっている。中身はペテロの講話で、モーセ、イエス、ペテロが「真の男性的預言者」であるのに対して、モーセ律法を否定するパウロは「女性的預言者」に貶められる。モーセ律法は誤った内容の段落を除けば、尊重されるべきものであり、キリスト教の洗礼も清めの儀礼として理解されている。

（6）詩歌

ソロモンの頌歌《しょうか》（後二世紀前半）は、全体で長短さまざまの四二篇から成る頌歌集。文学形式の上では、旧約聖書の詩編と外典のソロモンの詩篇につながる。ソロモンの名は偽名で、明らかにキリスト教文書である。独特な三位一体論をくり広げ、「聖霊」が「父」の「乳房」から乳を絞り、「御子」はそれを入れる「杯」と表現される。その他にも「異端的」な見方はあるが、明瞭にグノーシス主義的とまでは言えない。

3　グノーシス主義文書

最後に、グノーシス主義文書について短く補足しておこう。「グノーシス」（Gnôsis）とはギリシア語のごく普通の名詞で、「知識」あるいは「認識」を意味する。ただし、新約聖書との関係では、前述の牧会書簡と公同書簡、さらに使徒教父文書と重なる時代に、古代教会の内外に現れて、正統信仰の立場からは「異端」として激しく攻撃された思想である。しかし、もともとはそれ以前にユダヤ教の周縁で成立していたと考えられるので、こちらをユダヤ教グノーシス主義、前者をキリスト教グノーシス主義と呼んで区別している。キリスト教グノーシス主義は、ユダヤ教グノーシス主義が多かれ少なかれキリスト教の要素を取り入れたもののこと、と考えればよい。

したがって、グノーシス文書には、本書のこれまでの区分に即して言えば、旧約外典・偽典に分類すべきものと、新約外典に分類すべきものの両タイプが含まれることになる。事実、一九四五年にナイル中流域の村ナグ・ハマディに近いローマ時代の墓から発見された「ナグ・ハマディ文書」にも、その両方の文書が合計五〇余筆写されていた。

そのうちの主要なものは、『ナグ・ハマディ文書』（荒井献・大貫隆・小林稔・筒井賢治訳、岩波書店、一九九七／八年）に邦訳があり、それぞれの文書に対する詳細な解説も付されている。全部で四分冊から成り、それぞれに収録されている文書は次のとおりである。

Ⅰ　救済神話＝ヨハネのアポクリュフォン、アルコーンの本質、この世の起源について

Ⅱ　福音書＝トマスによる福音書、フィリポによる福音書、マリヤによる福音書、エジ

プト人の福音書(§36(4)の同名書とは別物)、真理の福音、三部の教え

Ⅲ　説教・書簡＝魂の解明、闘技者トマスの書、イエスの知恵、雷・全きヌース、真正な教え、真理の証言、三体のプローテンノイア、救い主の対話(以上、説教)、ヤコブのアポクリュフォン、復活に関する教え、エウグノストス、フィリポに送ったペトロの手紙(以上、書簡)

Ⅳ　黙示録＝パウロの黙示録(§36(2)の同名書とは別物)、ヤコブの黙示録一、二、アダムの黙示録、シェームの釈義、大いなるセツの第二の教え、ペトロの黙示録(§36(2)の同名書とは別物)、セツの三つの柱、ノーレアの思想、アロゲネース

これ以外のナグ・ハマディ文書も現在私が刊行を準備中である。また、ナグ・ハマディ文書ではないが、つい最近、単行本で邦訳が刊行された『ユダの福音書』(R・カッセル他編著『原典　ユダの福音書』、日経ナショナル・ジオグラフィック社、二〇〇六年)も、エジプトで発見されたキリスト教グノーシス主義文書である。

グノーシス主義は実にさまざまな教派に分かれて展開した。神話で表現されることが多いその思想も複雑で、簡単に要約することができない。しかし、あえてそうするとすれば、次のように言えるだろう。

「もろもろの神的存在に充満する光の世界の内部に、一つの破れが発生する。やがてそれが原因となって、『闇』の領域の中に造物神が生成する。彼によって目に見える宇宙万物が創造され、その中に人間が『心魂』と肉体から成るものとして造られる。その心魂的および肉体的人間の中に、神的な光の断片が宿ることとなるが、それは自分の内部に発生した破れを修復するために、光の勢力が造物神の知らぬ間に、それを注入したことによる。個々人の救済はこのことを認識して、それにふさわしく生き、肉体の死後、造物神の支配する領域を突破して、その彼方の光の世界へ回帰することにある。」(大貫隆『グノーシス「妬み」の政治学』、岩波書店、二〇〇八年、三一―三二頁)

こうして、個々の人間の中に宿る本質(光)は、目に見える世界とその創造主をはるかに超えた超越的世界に由来し、やがてそこに回帰していかねばならない。創世記で世界と人間を創造したと言われる神は否定されるべき愚かな神なのであって、本来の人間を超えるものは何もない。本来の人間こそが至上最高の存在である。グノーシス主義とは人間即神也の思想なのである。

牧会書簡、公同書簡、使徒教父文書が彼らをくりかえし論駁の対象とした理由はそこにある。彼らから見れば、グノーシス主義者はたしかに聖書の創造信仰に躓いた者たちである。ただし、忘れてならないことは、彼らが聖書の周縁ではなく、中心に躓いたことである(§25末尾参照)。

あとがき

本書の発端は、私が二〇〇四年一一月六日(土)に、日本キリスト教団信濃町教会の新しい会堂の落成を記念して、「聖書の読み方　私の経験と提案」と題して行った講演にさかのぼる。その講演はその後、同教会編の機関誌『ことば』の二〇〇五年春号に掲載された。

その文章はめぐりめぐって、岩波書店新書編集部の永沼浩一さんの目にとまるところとなった。その永沼さんから、二〇〇九年一月二七日付の手紙で新書化のお誘いをいただいた。私は喜んでそれをお受けした。

二〇〇九年三月末、私はそれまでの勤務先であった東京大学大学院総合文化研究科を定年退職となり、同年四月からは新たに、都下東久留米市にある(私立)自由学園最高学部に勤務することになった。

その間も、永沼さんとの面談をくり返しながら、全体の構想を練りつづけた。そのうえで、二〇〇九年度の夏学期のある日、本務先の自由学園最高学部と非常勤先の聖心女子大学(渋谷区広尾)で私の授業を聴講している合計約百人の学生たちに事情を説明して、アンケート調査に答えてもらった。アンケートの設問はただ一つ、「幼少時か最近かを問わず、旧新約聖書を読もうとして、もっとも戸惑ったことは何ですか。タブー(書いてはいけないこと)は一切なしで、自由に書いてください」というものであった。その詳細については、本書第Ⅰ部の冒頭に記したとおりである。第Ⅰ部全体は、学生たちの回答を整理しながら、彼らの戸惑いをできるかぎりていねいに解きほぐすことに努めている。つづく第Ⅱ部は基本的に前記の記念講演に基づいているが、第Ⅰ部で紹介された学生たちの戸惑いの原因とその解決策をより詳しく示すために、大幅に改稿と補充を行っている。第Ⅲ部は外典文書も含めた読書案内である。聖書をさらに自主的に読んでみたいと思う読者が辞書的に使ってくだされば、便利ではないかと思う。

聖書の面白さを得々として謳う入門書や概説書は枚挙に暇がない。本書はそれとは逆の道を行く。聖書の読みづらさにすでにつまずいた経験のある人は、実は無数にいるに違いない。その読みづらさの理由をていねいに解きほぐすことこそ、これから初めて聖書を読もうとしている方々にとっても、もっとも親切な聖書入門になるはずである。そう私は確信している。

最後に、前記のアンケートに協力し、率直な回答を寄せてくれた学生諸兄諸姉に感謝したい。岩波書店新書編集部の永沼浩一さんと同編集長の小田野耕明さんからいただいた温かなご支援にも厚くお礼を申し上げたい。

二〇〇九年待降節

大貫　隆

大貫 隆

1945年 静岡県浜松市生まれ
1979年 ミュンヘン大学にてDr. theol. 取得
1980年 東京大学大学院人文科学研究科西洋古典学専攻博士課程修了
現在―東京大学名誉教授
専攻―新約聖書学，古代キリスト教文学
著書―『イエスという経験』『イエスの時』『グノーシス「妬み」の政治学』(岩波書店)，『ナグ・ハマディ文書』(共編訳，全4冊，岩波書店)，『ヨハネ文書(新約聖書Ⅲ)』(共訳，岩波書店)，『岩波キリスト教辞典』(共編，岩波書店)，『隙間だらけの聖書―愛と想像力のことば』(教文館)，『新版　総説新約聖書』(共編，日本キリスト教団出版局)，『新約聖書外典　ナグ・ハマディ文書抄』(共編訳，岩波文庫)ほか多数

聖書の読み方　　岩波新書(新赤版)1233

2010年2月19日　第1刷発行
2024年11月5日　第12刷発行

著　者　大貫《おおぬき》 隆《たかし》

発行者　坂本政謙

発行所　株式会社 岩波書店
〒101-8002 東京都千代田区一ツ橋2-5-5
案内 03-5210-4000　営業部 03-5210-4111
https://www.iwanami.co.jp/

新書編集部 03-5210-4054
https://www.iwanami.co.jp/sin/

印刷・精興社　カバー・半七印刷　製本・中永製本

ISBN 978-4-00-431233-8　　Printed in Japan

岩波新書新赤版一〇〇〇点に際して

ひとつの時代が終わったと言われて久しい。だが、その先にいかなる時代を展望するのか、私たちはその輪郭すら描きえていない。二〇世紀から持ち越した課題の多くは、未だ解決の緒を見つけることのできないままであり、二一世紀が新たに招きよせた問題も少なくない。グローバル資本主義の浸透、憎悪の連鎖、暴力の応酬――世界は混沌として深い不安の只中にある。

現代社会においては変化が常態となり、速さと新しさに絶対的な価値が与えられた。消費社会の深化と情報技術の革命は、種々の境界を無くし、人々の生活やコミュニケーションの様式を根底から変容させてきた。ライフスタイルは多様化し、一面では個人の生き方をそれぞれが選びとる時代が始まっている。同時に、新たな格差が生まれ、様々な次元での亀裂や分断が深まっている。社会や歴史に対する意識が揺らぎ、普遍的な理念に対する根本的な懐疑や、現実を変えることへの無力感がひそかに根を張りつつある。そして生きることに誰もが困難を覚える時代が到来している。

しかし、日常生活のそれぞれの場で、自由と民主主義を獲得し実践することを通じて、私たち自身がそうした閉塞を乗り超え、希望の時代の幕開けを告げてゆくことは不可能ではあるまい。そのために、いま求められていること――それは、個と個の間で開かれた対話を積み重ねながら、人間らしく生きることの条件について一人ひとりが粘り強く思考することではないか。その営みの糧となるものが、教養に外ならないと私たちは考える。歴史とは何か、よく生きるとはいかなることか、世界そして人間はどこへ向かうべきなのか――こうした根源的な問いとの格闘が、文化と知の厚みを作り出し、個人と社会を支える基盤としての教養となった。まさにそのような教養への道案内こそ、岩波新書が創刊以来、追求してきたことである。

岩波新書は、日中戦争下の一九三八年一一月に赤版として創刊された。創刊の辞は、道義の精神に則らない日本の行動を憂慮し、批判的精神と良心的行動の欠如を戒めつつ、現代人の現代的教養を刊行の目的とする、と謳っている。以後、青版、黄版、新赤版と装いを改めながら、合計二五〇〇点余りを世に問うてきた。そして、いままた新赤版が一〇〇〇点を迎えたのを機に、人間の理性と良心への信頼を再確認し、それに裏打ちされた文化を培っていく決意を込めて、新しい装丁のもとに再出発したいと思う。一冊一冊から吹き出す新風が一人でも多くの読者の許に届くこと、そして希望ある時代への想像力を豊かにかき立てることを切に願う。

（二〇〇六年四月）

岩波新書より

宗教

空海　松長有慶
最澄と徳一　仏教史上最大の対決　師茂樹
ブッダが説いた幸せな生き方　今枝由郎
ヒンドゥー教10講　赤松明彦
東アジア仏教史　石井公成
ユダヤ人とユダヤ教　市川裕
初期仏教　ブッダの思想をたどる　馬場紀寿
内村鑑三　悲しみの使徒　若松英輔
トマス・アクィナス　理性と神秘　山本芳久
アウグスティヌス　「心」の哲学者　出村和彦
パウロ　十字架の使徒　青野太潮
弘法大師空海と出会う　川﨑一洋
高野山　松長有慶
マルティン・ルター　徳善義和

教科書の中の宗教　藤原聖子
国家神道と日本人　島薗進
聖書の読み方　大貫隆
親鸞をよむ◆　山折哲雄
日本宗教史　末木文美士
法華経入門　菅野博史
中世神話　山本ひろ子
イスラム教入門　中村廣治郎
蓮如　五木寛之
密教　松長有慶
日本の新興宗教　高木宏夫
背教者の系譜　武田清子
聖書入門　小塩力
イエスとその時代◆　荒井献
慰霊と招魂　村上重良
国家神道◆　村上重良
死後の世界　渡辺照宏
日本の仏教　渡辺照宏
仏教〔第二版〕　渡辺照宏

禅と日本文化　鈴木大拙　北川桃雄訳